Leichtathletik
Spiel- und Wettspielformen

Michael Medler

Leichtathletik Spiel- und Wettspielformen

Neumünster 1986

© Sportbuch-Verlag Ⓜ Corinna Medler, Nachtredder 35a,
2350 Neumünster
Nachdruck, auch auszugsweise, nur mit Genehmigung des Verfassers
Zeichnungen: Michael Medler, Neumünster
Herstellung: Evert-Druck, Neumünster

ISBN 3-9800188-6-5

Inhalt

                                                    Seite

Einleitung   7

Leichtathletik - eine Sportart mit Problemen   8

Spiel - ein Thema für den Individualsport   9

Spielen heißt ganzheitlich vermitteln   10

Leichtathletik - eine konditionelle Sportart   11

Anregungen zur Gestaltung von Spielen in der
Leichtathletik   12

   1. Laufspiele   14

   2. Sprungspiele   104

   3. Wurfspiele   130

Literatur   166

Einleitung

Leichtathletik ist eine der großen Individualsportarten.
Die in ihr aufgehobenen Themen Laufen, Springen und Werfen
können als Grundmuster menschlichen Bewegungsverhaltens
bezeichnet werden. Das schwindende Interesse an dieser
Sportart sowohl in der Schule als auch im Verein muß mit
Sorge betrachtet werden, weil die Leichtathletik einen wesentlichen Beitrag im Rahmen der motorischen Entwicklung
der Kinder und Jugendlichen zu leisten vermag.

Der vorliegende Band will helfen, den Leichtathletikunter-
richt und das Leichtathletiktraining zu beleben. Adressa-
ten sind der Schulsport und auch der Vereinssport. Spiele
und Wettspiele, an der richtigen Stelle und zur richtigen
Zeit in den Übungs- und Trainingsprozeß eingestreut, können
einen erheblichen Beitrag dafür leisten, daß die Leichtathletikausbildung einen Charakter erhält, der Kinder und
Jugendliche trotz des konkurrierenden Angebots anderer
Sportarten in ihren Bann zieht.

Es werden keine Stundenbilder vorgestellt, keine methodi-
schen Übungsreihen der Vermittlung. Es ist ein Angebot,
das noch der Zuordnung bedarf. Für viele Spiel- und Wettspielformen sind Voraussetzungen notwendig, die vorher er-
arbeitet werden müssen. Auch eine altersgemäße Zuordnung
ist nicht erfolgt. Der Lehrer/Übungsleiter selbst hat die
Aufgabe, sich die Formen auszuwählen und sie so zu gestalten, daß sie dem jeweiligen Adressatenkreis gerecht werden.

Dargestellt sind Spiel- und Wettspielideen, die vielfach
erprobt wurden. Ob sich eine der empfohlenen Ideen bewährt,
hängt jedoch immer von den besonderen Voraussetzungen der
Lerngruppe ab, von den Vorerfahrungen, auch vom Lehrer/
Übungsleiter und seinem Zugang zu den Schülern.

Leichtathletik - eine Sportart mit Problemen

Ohne Zweifel ist die Leichtathletik die "ursprünglichste aller Sportarten" (WISCHMANN 1965, 6). Ihre Themen Laufen, Springen und Werfen sind Bestandteile vieler anderer Sportarten und haben Anteil an ihrer Leistungssteigerung. Laufen, aber möglichst schnell, Springen, aber möglichst weit und hoch, Werfen, aber möglichst weit - das sind die leichtathletischen Ausprägungen und Zielsetzungen. Konditionelle Faktoren wie Kraft, Schnelligkeit und Ausdauer bestimmen die Leistungsfähigkeit, so daß die Ausbildung in der Leichtathletik einhergeht mit einer allgemeinen konditionellen Entwicklung und Förderung, wie sie keine andere Sportart leisten kann.

Die Bedeutung der Leichtathletik für eine grundlegende Körper- und Bewegungsausbildung einerseits und das Erscheinungsbild und das Interesse an dieser Sportart andererseits stehen jedoch in einem deutlichen Mißverhältnis zueinander. Die Leichtathletik droht, wie andere Individualsportarten auch, in der Schule, aber auch im Verein zu erstarren. Die Gründe dafür sind mannigfaltig. Einer der gewichtigsten ist sicher der, daß ihr Programm einseitig an den Zielen der Wettkampf-Leichtathletik ausgerichtet ist. In der Schule sind das die Bundesjugendspiele mit einem ideenlosen Wettkampfprogramm, dessen Anforderungen auch die Ausbildung und die Vorbereitung bestimmen.

Das genormte Leichtathletikprogramm hat den Nachteil, daß Leistungsunterschiede sehr deutlich zutage treten, daß die Leistungsstarken ihre Leistungsstärke, die Leistungsschwachen aber nur immer ihre Leistungsschwäche bestätigt bekommen. Wer bei leichtathletischen Wettkämpfen gewinnt, steht in den meisten Fällen schon vorher fest. Ein 100m-Lauf reizt den leistungsstarken Sprinter, weil sein Erfolg vorprogrammiert ist. Wer aber immer nur die Fersen seiner Gegner sieht und schon nach Sekundenbruchteilen immer wieder hoffnungslos zurückliegt, wird früher oder später eine überdauernde Abneigung gegen diese Sportart entwickeln.

Um nicht mißverstanden zu werden: Natürlich muß der Schü-
ler und jugendliche Sportler auch lernen, zu verlieren
und die mit der Niederlage verbundenen negativen Gefühls-
zustände zu verarbeiten. Die Leichtathletik ist in diesem
Zusammenhang ein günstiges pädagogisches Feld. Auch sind
die genormten Wettkämpfe, in der Schule die Bundesjugendspiele, untrennbar mit der Leichtathletik verbunden. Sie
dürfen nur nicht zum dominierenden, alles beherrschenden
Prinzip werden, und es muß immer wieder darüber nachge-
dacht werden, wie diese Wettkämpfe so motivierend gestaltet werden können, daß sie auch für denjenigen einen in-
teressanten Teilaspekt der Leichtathletik bedeuten, der
nicht durch sein Talent herausragt.

Spiel - ein Thema für den Individualsport

Die meisten kritischen Stimmen meinen nicht die Leichtathletik schlechthin, sondern ihr einseitiges, ideenloses Erscheinungsbild. Zwar wird in der traditionellen Methodik-
literatur auch dem Spiel ein Platz zugewiesen und damit
eingestanden, daß es Spiel im Individualsport gibt, dieses
aber nur im frühen Stadium beim Sammeln von Bewegungserfahrungen. In der "eigentlichen" Leichtathletikausbildung
stehen vorbereitende Übungsformen, methodische Übungsreihen und das Erlernen von Techniken in ihren Fein- und
Feinstformen im Mittelpunkt. Das Regelhafte und Genormte
bestimmt den Ausbildungsgang, und die Ziele der Wettkampf-
Leichtathletik treten in den Vordergrund. Das Spiel wird
zu schnell zurückgedrängt und oft ganz vergessen.

Dagegen steht eine Fülle von Formen, die das Gegenteil
deutlich machen: Es gibt weder ein Alter noch eine Kön-
nensstufe, der das Spiel allein zuzuschreiben ist. Spiel
hat auch da seinen Platz, wo geübt und geleistet wird.
Darüber hinaus ist es gerade im Individualsport wichtig,
nach eben diesem Ausschau zu halten. Denn das Spiel kommt

auf jeder Ausbildungsstufe der Leichtigkeit entgegen, mit
der man das methodische Vorgehen gestalten möchte und mit
der Kinder und Jugendliche die Ausübung von Leichtathletik
empfinden sollten. Die Leichtathletikausbildung gewinnt,
wenn Spiele und Wettspiele außerhalb der genormten Wettkämpfe den gesamten Ausbildungsprozeß durchziehen. Sie
bieten Handlungsdramatik und attraktive Gelegenheiten, das
Können im Laufen, Springen und Werfen zu erproben, Fähig-
keiten zu trainieren und Fortschritte zu erleben.

Damit soll keineswegs einem verspielten Unterricht das
Wort geredet werden. Spiel ist immer nur ein Teil, Spielen, Üben und Trainieren jedoch kein Nacheinander, wie es
viele Methodikbücher glauben machen, sondern ein Miteinander auf jeder Stufe der Ausbildung. Spielen kann man beim
Sammeln von Bewegungserfahrungen und mit Grobformen leicht-
athletischer Techniken. Spielen kann man aber auch mit vor-
bereitenden Übungsformen, mit Feinformen und mit Trainings-
formen. Spielen selbst kann mit Übungs- und Trainingsabsicht erfolgen.

Spielen heißt ganzheitlich vermitteln

Spiel kommt der Forderung nach Ganzheit, ganzheitlicher Anwendung und ganzheitlichem Erleben entgegen. Die Gelegen-
heit zum ganzheitlichen Umgang mit der Leichtathletik be-
rücksichtigt in besonderem Maße die kindliche und jugendliche Erlebniswelt und vermeidet die negativen Seiten methodischer Verfahren. Diese sind darin zu sehen, daß der
Unterricht durch immer wiederholte, langweilige Vorübungen
strapaziert wird, die zergliedernde Stoffbehandlung im Vordergrund steht, die eigentliche Zielübung aber lange Zeit
vorenthalten wird.

Die dahinterstehende Befürchtung, daß ein ganzheitliches
Vorgehen soeben Erlerntes oder erst in der Grobform Gekonn-
tes wieder zerstören könnte und unkontrolliert Fehler sich
automatisieren könnten, hat die Leichtathletik zum Turnen

gemacht (vgl. KURZ 1982, 14): Die Fertigkeiten werden
nur noch erlernt, nicht aber in leichtathletischen Zusam-
menhängen angewendet.

Hierzu ist zu bemerken, daß es ein Lernen ohne Fehler
nicht gibt. Das gilt für die Realisierung methodischer
Vorübungen genauso wie für den ganzheitlichen Anwendungs-
bereich. Sicherlich weist eine im Spiel oder Wettspiel
angewendete Form Fehler auf, vielleicht mehr als im Übungs-
Schonraum, aber es gibt nicht die fehlerfreie, perfekte
Ausführung.

Technische Verbesserungen stehen im Dienste der ganzheitlichen Leistungsverbesserungen und sind stets an ihnen zu
messen. Insbesondere ist der motorische Lernprozeß nichts
anderes als die Ausübung und Anwendung von Fehlern, die
erst durch die intensive Bewegungserfahrung mit einherge-
hender Verbesserung der konditionellen Ausstattung reduziert werden können. Kinder und Jugendliche "machen durch
Fehler Bewegungserfahrungen, die ihnen das weitere Lernen
(erst; Verf.) ermöglichen" (DOMBROWSKI 1986, 18). Übri-
gens: Auch Meister machen Fehler, den gleichen viele Male
hintereinander, und keiner würde ihnen deshalb den Wett-
kampf vorenthalten wollen.

Leichtathletik - eine konditionelle Sportart

Schnelligkeit, Kraft und Ausdauer bestimmen in hohem Maße
die Leistungsfähigkeit und die Leistungsmöglichkeiten beim
Schnell-Laufen, Hoch- oder Weit-Springen, Weit-Werfen. Diese Tatsache muß in zweifacher Hinsicht Berücksichtigung
finden: psychologisch und trainingsmethodisch.

Psychologisch betrachtet haben konditionelle Beanspruchun-
gen schnell etwas Beschwerliches, werden als anstrengend
und ermüdend empfunden, ermuntern eher zum Abbrechen als
zum Durchhalten. Das betont einmal mehr die Forderung nach
besonderer Beachtung einer Vorgehensweise, in der auch das

Spiel seinen Platz hat. Spiel schafft den notwendigen Aus-
gleich, vermittelt das Gefühl der Leichtigkeit und läßt
Beschwernis selbst bei anstrengenden Aufgaben nicht unmit-
telbar aufkommen.

Trainingsmethodisch betrachtet haben Spiele, wenn sie mit
Übungs- oder Trainingsabsicht eingesetzt werden, genau um-
rissene Aufgaben zu erfüllen: die Entwicklung leichtathle-
tischer Schnelligkeit, Kraft und Ausdauer. Dabei sind die
Prinzipien des Trainings in Reizsetzung und Reizdichte zu
berücksichtigen. Die Entwicklung der Schnelligkeit z.B.
erfordert maximale Laufschnelligkeit, kurze Laufstrecken
und vollständige Erholung zwischen den Läufen. Wurf- und
Sprungspiele sind - neben dem koordinativen Aspekt - nur
dann geeignet, wenn sie schnellkräftige Wurf- und Sprung-
aktionen in großer Zahl herausfordern. Für die Verbesserung der aeroben Ausdauerleistungsfähigkeit sind Spielide-
en interessant, die zum langsamen Laufen über längere Zeit
herausfordern usw. Weitere Hinweise sind der Darstellung
der Lauf-, Sprung- und Wurfspiele vorangestellt.

Anregungen zur Gestaltung von Spielen in der Leichtathletik

Neben den schon erwähnten Kriterien trainingsmethodischer
Art gilt als leitendes Prinzip bei der Auswahl der Spiel-
und Wettspielformen, die in der Leichtathletik aufgehobene
Gewißheit des Ausgangs von Wettkämpfen und Leistungsver-
gleichen durch eine relative Ungewißheit abzulösen. Durch
die damit erreichte theoretische Chancengleichheit kann
eine Spannung erreicht werden, die auch den Leistungsschwachen in ihren Bann zieht und zum engagierten Mitmachen be-
wegt. Folgende Maßnahmen haben sich als günstig erwiesen:

● Bevorzugung von Kooperation und Handeln in der Gruppe

Durch die Zusammenfassung homogener Spiel- und Wettspiel-
gruppen (-mannschaften) erhält die Leistung jedes Teilneh-
mers Gewicht, weil sie als Teil der Gruppenleistung aufad-

diert wird.

● Die Leistungsstarken mit einem Handicap belegen

Bestehende Leistungsunterschiede können dadurch relati-
viert werden, daß für den Leistungsschwachen Vorgaben, für
den Leistungsstarken Zugaben und Erschwerungen eingeräumt
werden.

● Wahl anderer Gütekriterien als die typisch leichtathletischen

So haben z.B. Trefferspiele beim Werfen den Vorteil, daß
auch der positive Rückmeldungen bekommt, der nicht so weit
werfen kann. Bei Zeitschätzläufen hat nicht der schnell-
ste Läufer, sondern der Erfolg, der seine Laufzeit genau
einhält usw.

● Wahl von Aufgabenstellungen, die nicht so eindeutig
   quantifizierbar sind

Erfolg und Mißerfolg treten bei derartigen Aufgabenstellungen, wie z.B. den Fang- und Abschlagspielen, nicht so
eindeutig zutage.

● Bildung homogener Kleingruppen

Auf diese Weise können auch die Leistungsstarken sich un-
tereinander vergleichen, bzw. nur Gruppen gleicher Leistungsfähigkeit gegeneinander antreten.

● Wahl von Aufgabenstellungen, die aus Teilleistungen bestehen, die sich nicht direkt vergleichen lassen

So wird dem Nicht-Erfolg nicht unbedingt mangelnde Leistungsfähigkeit zugeschrieben. Sprint- und Hürdensprint
z.B. sind nicht direkt vergleichbar, in Spielen aber gut
miteinander zu verbinden.

● Wahl von Aufgabenstellungen, bei denen Positionen mit
   verschieden hohen Anforderungen taktisch besetzt werden
   müssen

Da jede Einzelleistung Teil der Gruppenleistung ist, ist

auch oder gerade der taktisch richtige Einsatz des Leistungsschwächeren wichtig und spielentscheidend.

1. Laufspiele

Laufen hat - nicht nur in der Leichtathletik - eine zentrale Bedeutung, unabhängig davon, welche Disziplin oder welche Sportart bevorzugt wird. Für die Entwicklung und Verbesserung des Laufens gibt es ein ausgesprochen reichhaltiges Angebot von Spielformen, das es zu nutzen gilt, sollen
koordinative Defizite in der Lauftechnik vermieden werden.
Zu unterscheiden sind Formen des Schnellaufens, Hürdenlau-
fens und des Ausdauerlaufens.

Aspekte des Schnellaufens sind Reaktionsschnelligkeit,
Sprintschnelligkeit, Sprintkraft und Sprintausdauer. Viele
Laufspiele entwickeln das Schnellaufen als komplexe Form,
bei geeigneter Organisation können jedoch auch einzelne
Aspekte schwerpunktmäßig angesprochen werden.

Die Sprintschnelligkeit wird trainingsmethodisch am effek-
tivsten durch kurze Laufstrecken - die Sprintstrecken werden meistens zu lang gewählt - und erholsame Pausen zwischen den Läufen entwickelt. Attraktive Angebote bieten eine Reihe von Fangspielen, bei denen kurze, schnelle Lauf-
leistungen und selbst eingelegte Pausen wechseln. Andere
gute Möglichkeiten bieten alle Arten von Staffeln: Pendelstaffel, Wendestaffel, Stafette und Rundenstaffel. Ihr Vorteil ist, daß das Laufen zur Gruppenleistung wird, bei der
jede Einzelleistung ihre Bedeutung hat. Durch die Wahl von
Gruppengröße und Laufstrecke können trainingsmethodische
Kriterien erfüllt werden. Zu beachten und nicht zu unter-
schätzen ist, daß Pendel- und Wendestaffel sowie Stafette
kindgerechter sind, weil bei ihnen keine besondere Wechsel-
technik erforderlich ist. Die leichtathletik - spezifische
Rundenstaffel dagegen kann erst dann sinnvoll eingesetzt
werden, wenn die Grobform der Stabübergabe beherrscht wird.

Zum Thema Schnellaufen gehört auch der Hürdensprint. Er
wird bei reduzierten Abständen und verminderter Hürdenhö-
he relativ schnell in einem solchen Umfang beherrscht, daß
er in Spielformen angeboten werden kann.

Von ganz besonderem Interesse ist die Entwicklung von
Spielformen für ausdauerndes Laufen, dessen hervorragende
Bedeutung für die gesundheitliche Entwicklung der Kinder
und Jugendlichen einerseits und als Voraussetzung für Spaß
auf vielen anderen Gebieten des Sports andererseits heute
allgemein anerkannt ist. Kinder lassen sich jedoch eher
auf die Herausforderung des Schnellaufens ein, für ausdauerndes Laufen sind sie nicht so schnell zu gewinnen. Um so
wichtiger sind deshalb Überlegungen, wie man ausdauerndes
Laufen spielerisch einkleiden kann. Im Mittelpunkt stehen
dabei im Gegensatz zum fast ausschließlich bekannten "möglichst schnell" Formen, bei denen ein langsames Tempo über
eine immer längere Zeit eingehalten werden muß. Ergänzend
zu den aufgeführten Spielformen ist das Thema an anderer
Stelle sehr ausführlich behandelt worden (vgl. MEDLER
1985).

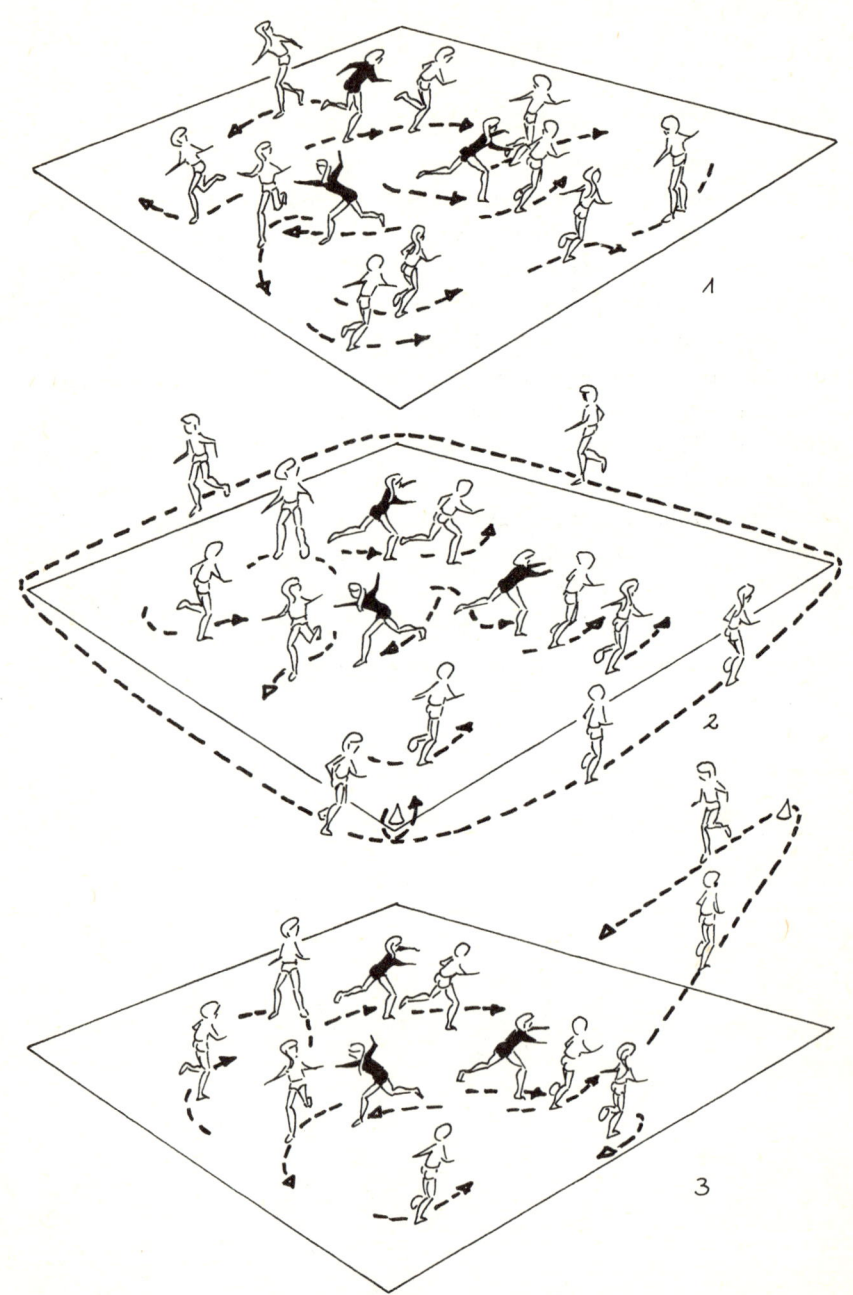

1

2

3

1 Fangen

Je nach Gruppengröße werden ein, zwei, drei Spieler zu
Fängern bestimmt und durch Mannschaftbänder kenntlich
gemacht. Wer gefangen wird, tauscht seine Rolle mit dem
Fänger.

> Variation: Zu Beginn ist ein Spieler Fänger. Wer gefan-
> gen wird, wird ebenfalls Fänger. Wer bleibt
> am Schluß übrig?

2 Auf die Rundbahn schicken

Eine Mannschaft stellt die Fänger. Wer gefangen wird, muß
von einer gekennzeichneten Ecke des Spielfeldes eine Runde
um dieses laufen und darf erst dann wieder hinein. Welche
Mannschaft bekommt in einer bestimmten Zeit die meisten
Spieler auf die Rundbahn?

> Variation: Wer auf der Rundbahn ist, muß dort bleiben
> und weitertraben. Welche Mannschaft bekommt
> am schnellsten alle Spieler auf die Rundbahn?

3 Aus dem Feld schicken

Eine feste Mannschaft stellt die Fänger. Wer gefangen wird,
muß um ein Mal laufen und kehrt erst dann ins Feld zurück.
Welche Mannschaft bekommt in bestimmter Zeit die meisten
Spieler aus dem Feld?

> Variation: Das Mal wird weit entfernt gewählt. Welche
> Mannschaft bekommt alle Spieler aus dem Feld?

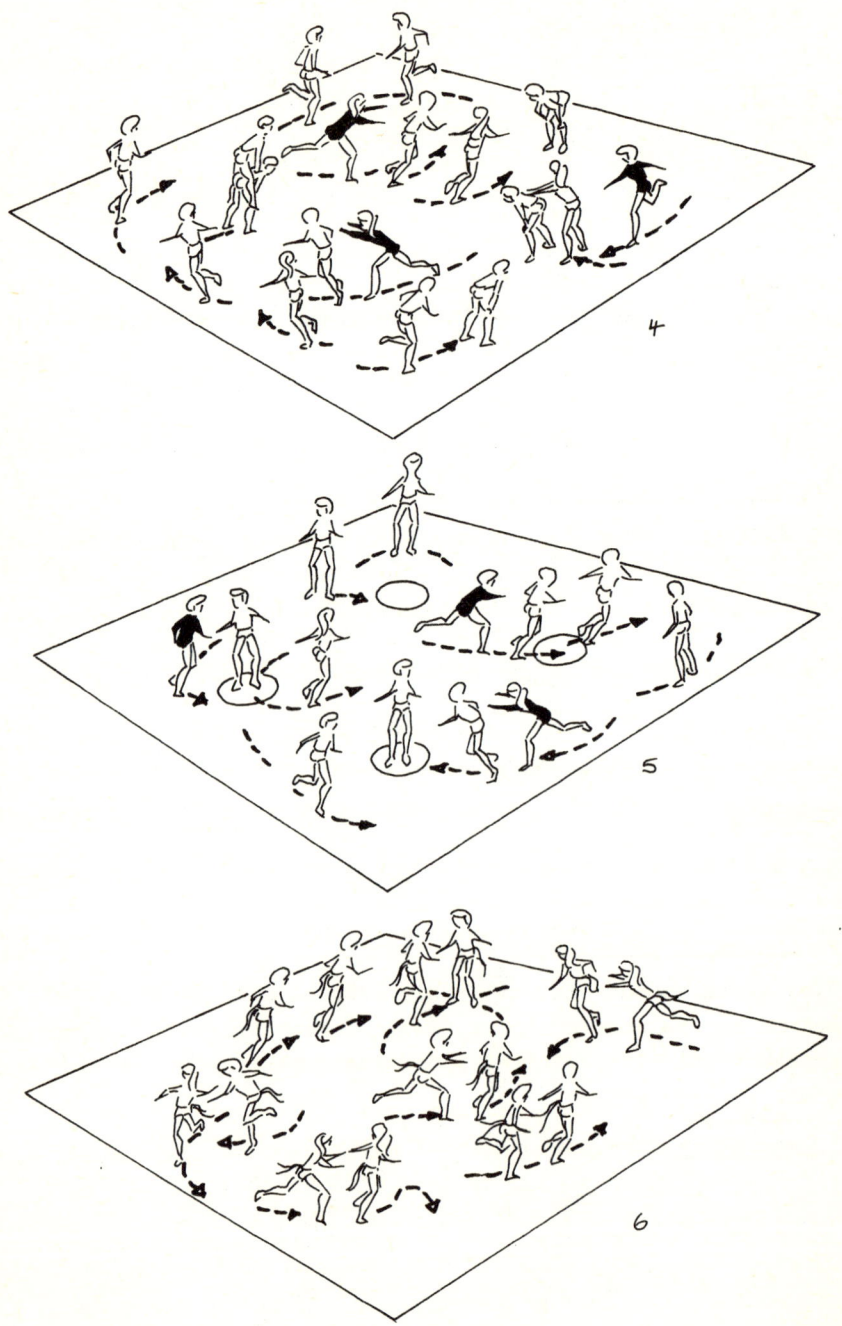

4 Fangen und Befreien

Eine feste Mannschaft stellt die Fänger (durch Mannschaftsbänder oder Mützen kenntlich gemacht). Wer gefangen wird,
muß eine vorher bestimmte "Ruhestellung" einnehmen, kann
jedoch durch seine Mitspieler wieder befreit werden. Je
nach Leistungsfähigkeit und Absicht können ganz unterschiedliche Arten der Ruhestellung und des Befreiens gewählt werden, wie z.B. Grätschstellung - Durchkriechen, Bockstel-
lung - Grätsche, Bankstellung - Hockwende, Bankstellung -
Hürdenschritt usw.

5 Fangen mit Freimalen

Zwei, drei Spieler sind Fänger (mit Mannschaftsbändern
kenntlich gemacht). Wer gefangen wird, tauscht seine Rolle
mit dem Fänger. Die Spieler können sich vor den Fängern in
Freimale retten (Reifen, Fliesen, Matten). In jedem Freimal
darf sich jedoch nur ein Spieler aufhalten. Wenn ein neuer
kommt, muß der alte das Mal verlassen.

6 "Schwänzchen"

Die Spieler haben sich Mannschaftsbänder als "Schwänzchen"
hinten in die Hose gesteckt. Jeder versucht, seinen Mit-
spielern die "Schwänzchen" herauszuziehen.

> Variation: Eroberte "Schwänzchen" müssen ebenfalls in
> die Hose gesteckt werden.

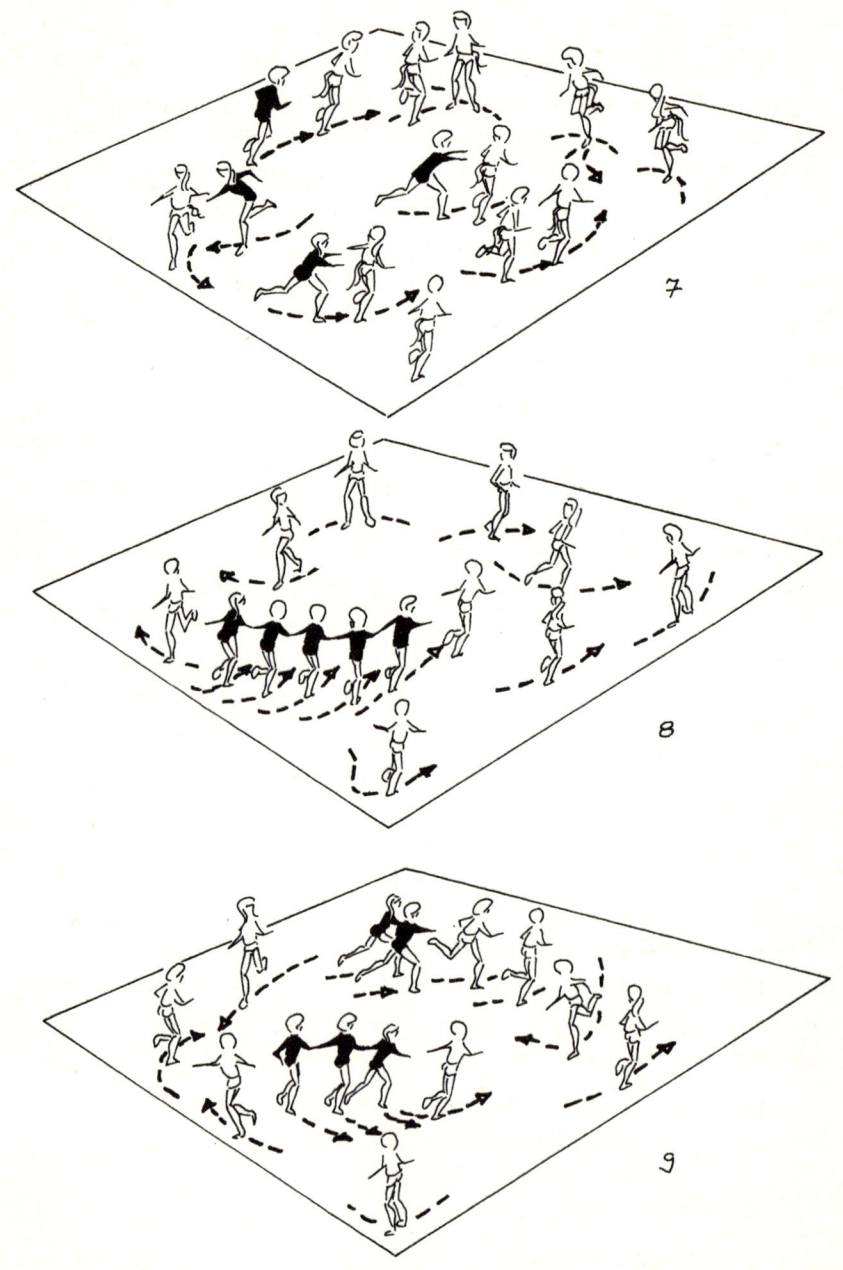

7

8

9

7 "Schwänzchen" erobern

Drei, vier Spieler haben kein "Schwänzchen". Sie versuchen,
von den anderen Spielern je ein "Schwänzchen" zu erobern.
Wer sein "Schwänzchen" verloren hat, erobert sich ein neu-
es zurück usw.

> Variation: Eine feste Mannschaft hat kein "Schwänzchen",
> Versucht jedoch, so viele wie möglich davon
> zu erobern.

8 Kettenfangen

Zu Beginn ist ein einzelner Spieler Fänger. Gelingt es ihm,
einen anderen zu fangen, bilden sie mit Handfassung eine
Zweierkette, wird ein dritter gefangen, eine Dreierkette
usw. Wer bleibt übrig?

> Variation: Die gesamte Kette ist Fänger bzw. nur die
> beiden äußeren Spieler.

9 Kettenfangen mit Zerteilen

Begonnen wird wie beim Kettenfangen (8). Wenn der vierte
Spieler gefangen wird, teilt sich die Kette in zwei selb-
ständige Paare usw. Auf diese Weise bestehen die fangen-
den Einheiten immer nur aus Zweier- und Dreierketten.

> Variation: Statt der Handfassung haken sich die Spie-
> ler ein.

10

11

12

10 Ketten - Wettstreit

In einem größeren Feld versuchen zwei Spieler unabhängig
voneinander, eine möglichst lange Kette zusammenzufangen.

Variation: Wer schafft es am schnellsten, eine Fünfer-
(Sechser-) Kette zu fangen?

11 Paarfangen

Die Spieler bilden Paare mit Handfassung. Ein Paar übernimmt zu Beginn die Rolle des Fängers (durch Mannschaftsbänder kenntlich gemacht). Paare, die gefangen werden, werden ebenfalls zu Fängern.

Variation: Zwei, drei Spielerpaare sind Fänger. Wer gefangen wird, tauscht seine Rolle mit dem
Fänger.

12 Fangstaffel

Eine Mannschaft stellt die Fänger. Von einer Position außerhalb des Spielfeldes startet der erste Fänger ins Feld.
Gelingt es ihm, einen Spieler zu fangen, läuft er zurück
und schlägt den zweiten Fänger ab usw. Ein Durchgang ist
beendet, wenn der letzte Fänger der Mannschaft zurückge-
kehrt ist. Die Mannschaften werden verglichen.

13

14

15

13 Fangstaffel - Wettstreit

Zwei Fängermannschaften treten wie bei 12 gegeneinander
an. Sie starten gleichzeitig von verschiedenen Positionen
außerhalb des Spielfeldes.

14 "Schwänzchen"- Staffel

Zwei Fängermannschaften treten gegeneinander an. Aufgabe
der Fänger ist es, von den Spielern "Schwänzchen" zu erobern und dann den nächsten Fänger abzuschlagen.

15 Fangen ohne Befreien

Zwei, drei Fänger treten gegen alle anderen an. Wer gefan-
gen wird, ist aus dem Spiel und muß sich hinsetzen. Ein
Durchgang läuft so lange, bis alle sitzen. Welche Gruppe
(Mannschaft) hat die besten (schnellsten) Fänger?

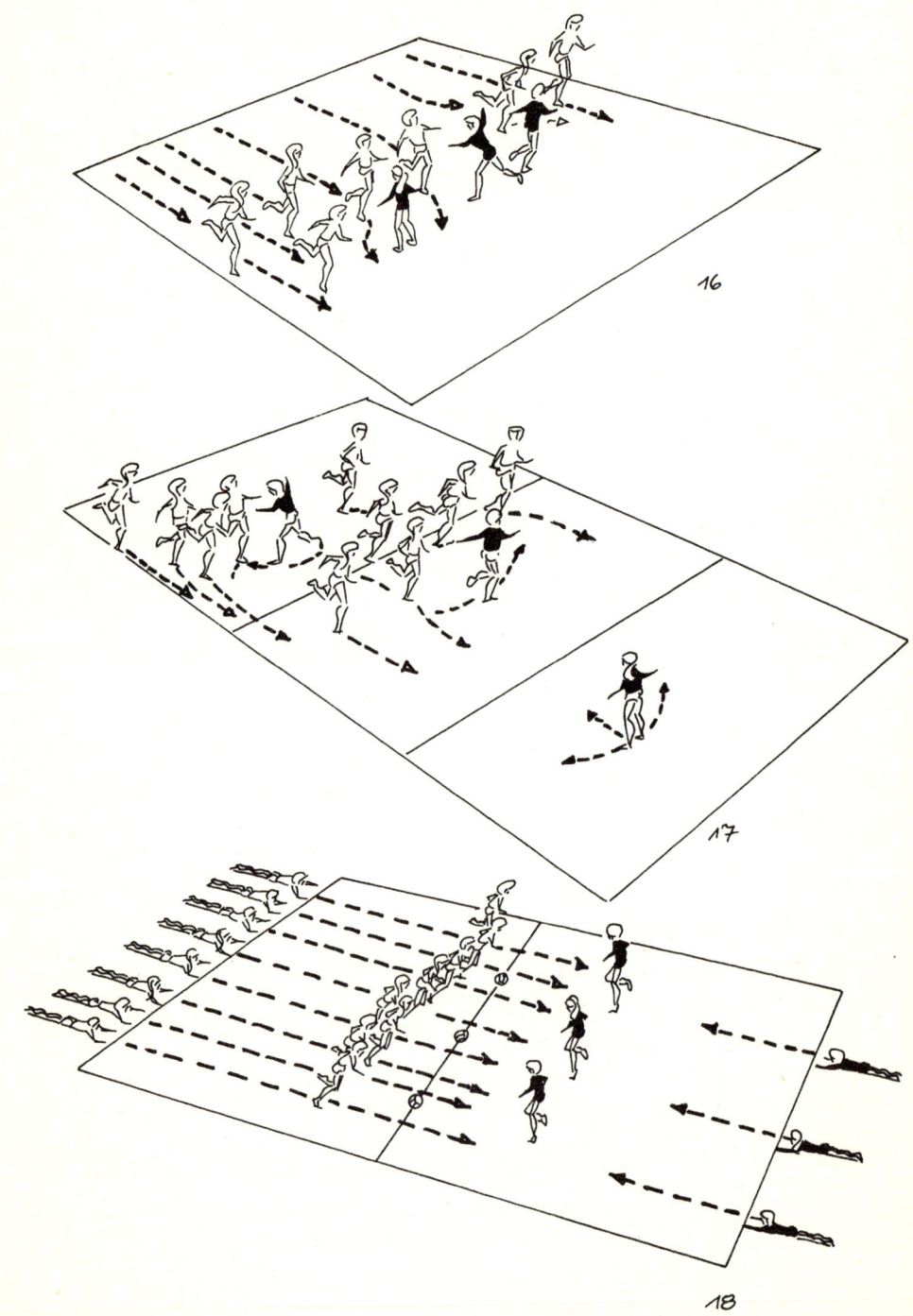

16

17

18

16 "Brückenwächter"

Ein, zwei, drei "Brückenwächter" halten sich etwa in der
Mitte eines Spielfeldes auf. Die anderen Spieler versuchen,
die Seite zu wechseln, ohne von den "Brückenwächtern" gefangen zu werden. Wer gefangen wird,
     - tauscht seine Rolle mit dem "Brückenwächter",
     - wird ebenfalls "Brückenwächter".

17 Dreifelderlauf mit "Brückenwächtern"

Die Fläche zwischen Start und Ziel ist in drei Felder eingeteilt. In jedem Feld werden die Läufer von einem "Brük-
kenwächter" erwartet. Wer gefangen wird, übernimmt die
Rolle des "Brückenwächters".

    Variation: Wer gefangen wird, wird ebenfalls "Brücken-
                wächter".

18 Startball

In der Mitte eines Feldes befinden sich Bälle (Schaumstoff-,
Volleybälle), an seinen beiden Enden je eine Gruppe in
Startposition (verschiedene Startstellungen). Nach erfolg-
tem Start wechselt die große Gruppe die Seite, während die
kleine Gruppe zu den Bällen sprintet und versucht, die
Flüchtenden abzuwerfen. Wer getroffen wird, tauscht seine
Rolle mit dem Werfer.

    Variationen: - Die Werfergruppe erhält eine Vorgabe.
              - Es wird mit dem "Bodenpaß" abgeworfen.

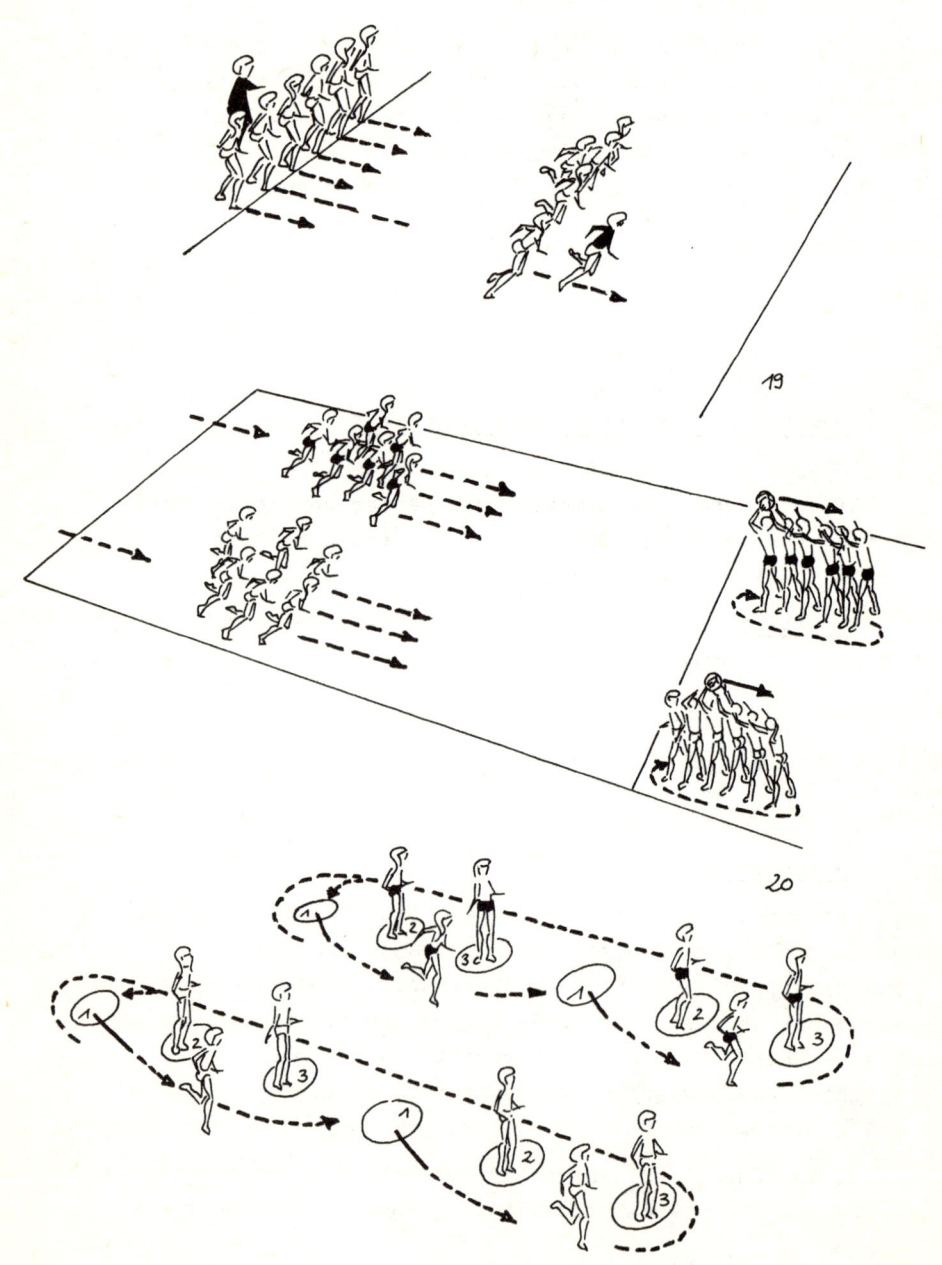

19

20

21

19 Wer schafft den "Frühstarter"?

Die Läufer stehen in Hochstartstellung nebeneinander hinter einer Startlinie. Sie halten eine Hand auf dem Rücken. Der Lehrer/Übungsleiter geht hinter ihnen entlang und legt einem der Läufer einen Gegenstand in die Hand. Dieser startet überraschend (Frühstart). Die anderen versuchen, ihn bis zur Ziellinie einzuholen.

20 Start zur Zusatzaufgabe

Zu Beginn des Spiels wird eine bestimmte Distanz aus unterschiedlichen Startstellungen zurückgelegt. Für die Zusatzaufgabe liegt hier ein Medizinball bereit. Nach Erfüllen der Zusatzaufgabe kehren die Mannschaften zum Ausgangspunkt zurück.

Zusatzaufgaben können sein:
- Die Mannschaft stellt sich in Reihe auf. Der Ball wird über die Köpfe nach hinten gereicht. Der letzte läuft mit dem Ball nach vorne usw.
- Die Mannschaft stellt sich in Reihe mit gegrätschten Beinen auf. Der Ball wird durch die gegrätschten Beine nach hinten gerollt. Der letzte läuft mit dem Ball nach vorne usw.

21 Nummernwettlauf

Die Läufer der Mannschaften stehen in Reifen/auf Fliesen verteilt. Jeder hat eine Nummer. Bei großen Gruppen erhalten zwei oder drei Läufer dieselbe Nummer. Die aufgerufene Nummer läuft um die eigene Mannschaft herum auf die Ausgangsposition zurück. Jede Mannschaft sammelt ihre Punkte.

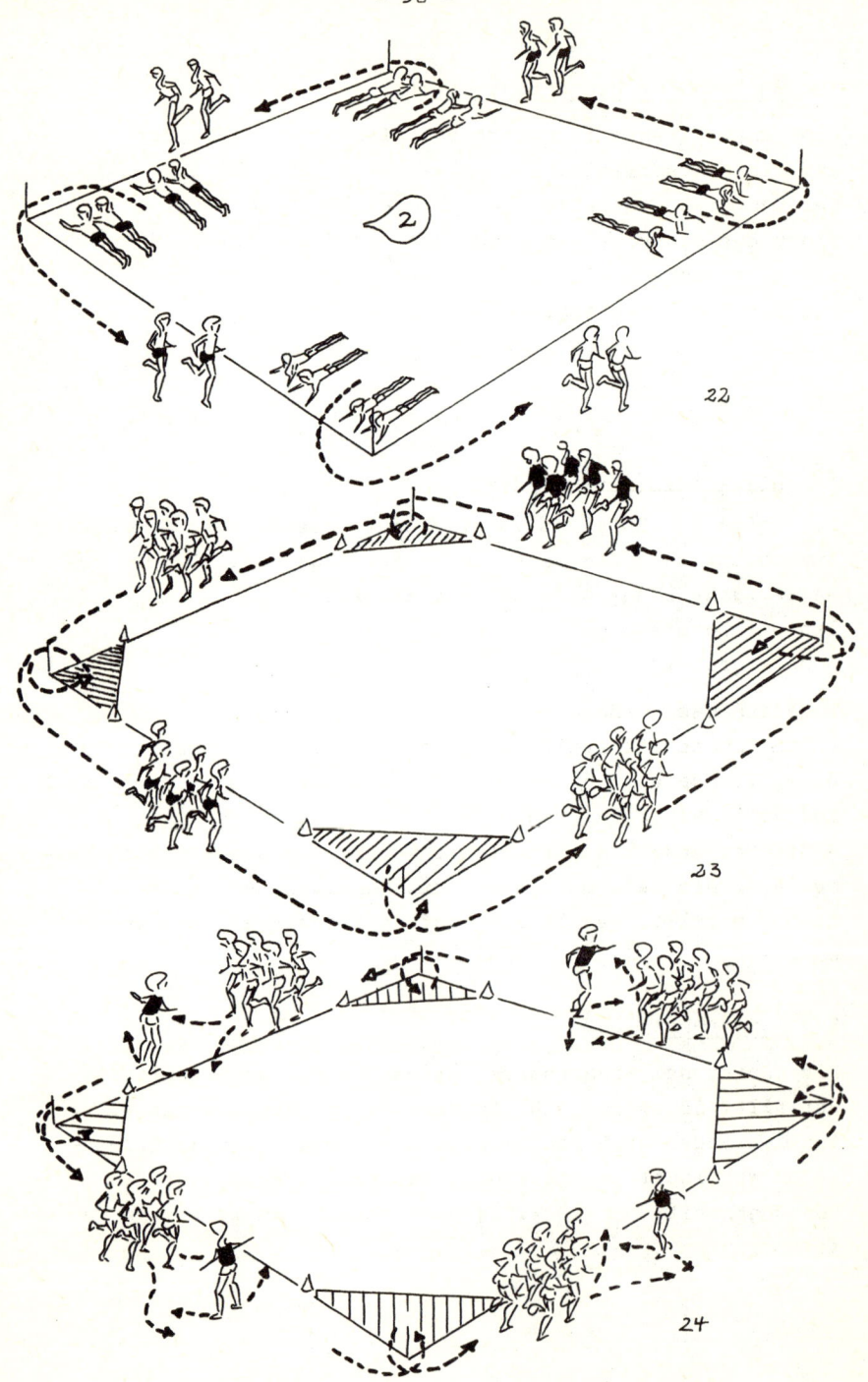

22

23

24

22 Nummernwettlauf am Viereck

Die Mannschaften besetzen die verschiedenen Ecken eines
Vierecks. Jeder Läufer hat eine Nummer (bei großen Gruppen
mehrere die gleiche). Die aufgerufenen Nummern laufen um
das Viereck herum auf ihre Startplätze zurück. Die Startstellungen können vielfältig variiert werden.

23 Von Ecke zu Ecke

Jede Mannschaft besetzt eine Ecke eines Vierecks. Auf bestimmtes Signal werden die Ecken im festgelegten Umlaufsinn aus unterschiedlichen Startstellungen gewechselt.
Sieger ist die Mannschaft, die an der Zielecke zuerst wieder die Startstellung eingenommen hat.

> Variationen: - Spurt zur übernächsten Ecke
> - Spurt zur dritten Ecke
> - eine ganze Runde

24 Von Ecke zu Ecke mit "Brückenwächter"

Jede Mannschaft besetzt eine Ecke des Vierecks. Auf Signal werden die Ecken im festen Umlaufsinn gewechselt. Der
Laufweg wird jeweils von einem "Brückenwächter" verstellt,
der versucht, einen der Läufer zu fangen. Wer gefangen
wird, übernimmt die Rolle des "Brückenwächters".

> Variation: Wer gefangen wird, wird ebenfalls "Brücken-
> wächter".

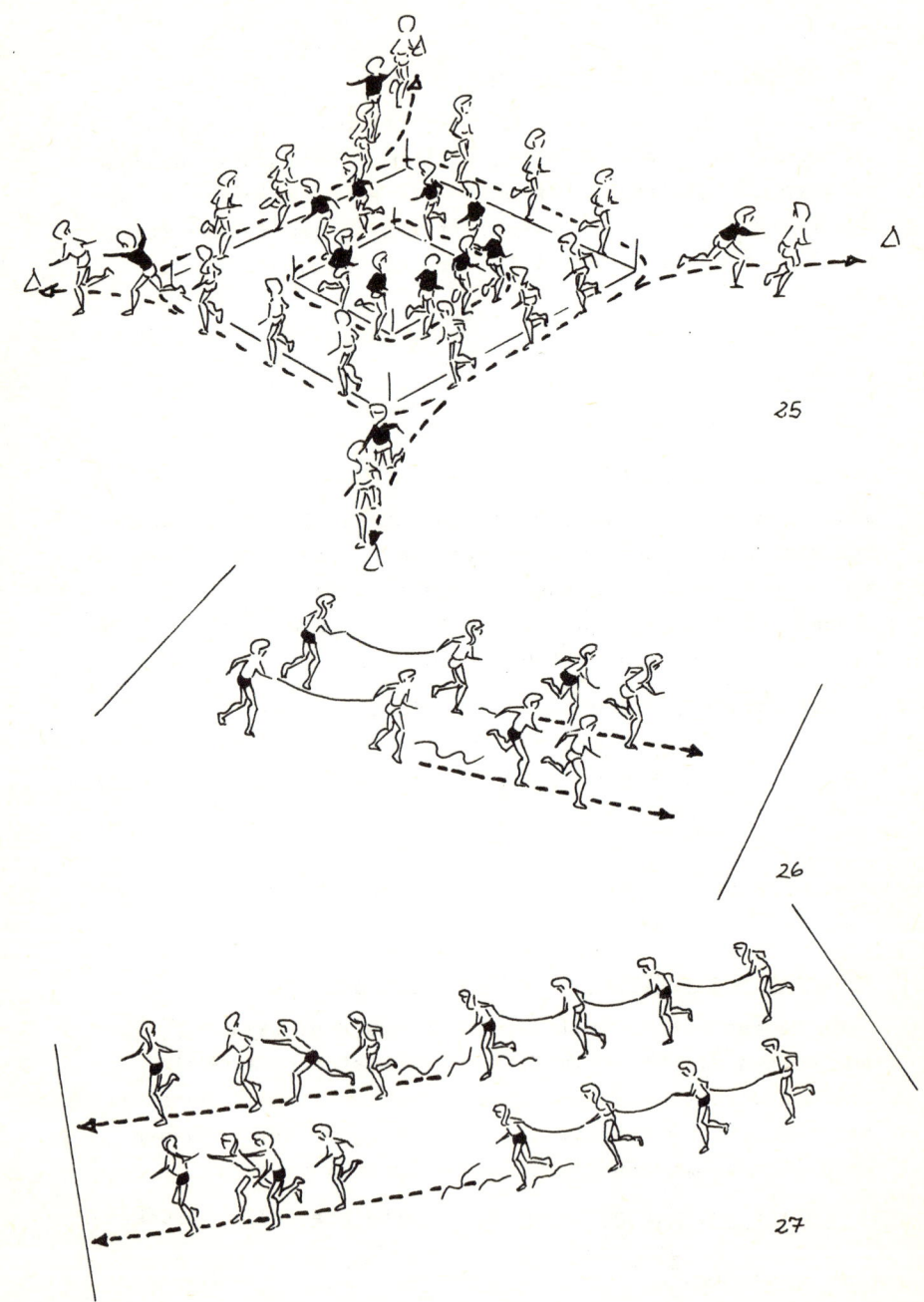

25

26

27

25 Retten in ein Mal

Zwei Gruppen traben in unterschiedlichen Richtungen um zwei
Vierecke, ein kleines innen und ein großes außen. In eini-
ger Entfernung (variabel) sind in Verlängerung der Ecken
vier Male markiert. Auf ein bestimmtes Zeichen versucht die
innere Läufergruppe, Läufer der äußeren zu fangen, bevor
diese sich in die Male retten können. Beim nächsten Durchgang werden die Rollen getauscht.

26 Vorgabe - Sprint

Je zwei Läufer traben mit einem Seil Abstand. Auf ein bestimmtes Zeichen beginnt der Spurt: Die Läufer lassen das
Seil fallen, der hintere versucht, den vorderen einzuholen.
Beim nächsten Durchgang werden die Rollen getauscht, dann
die Abstände verringert (z.B. halbes Seil) usw.

27 Vorgabe - Kette

Eine Gruppe trabt in Kette hintereinander mit je einem Seil
Abstand. Auf ein bestimmtes Signal beginnt der Spurt: Die
Läufer lassen die Seile fallen; die hinteren versuchen, die
vorderen einzuholen. Beim nächsten Durchgang wechselt der
vordere Läufer nach hinten usw.

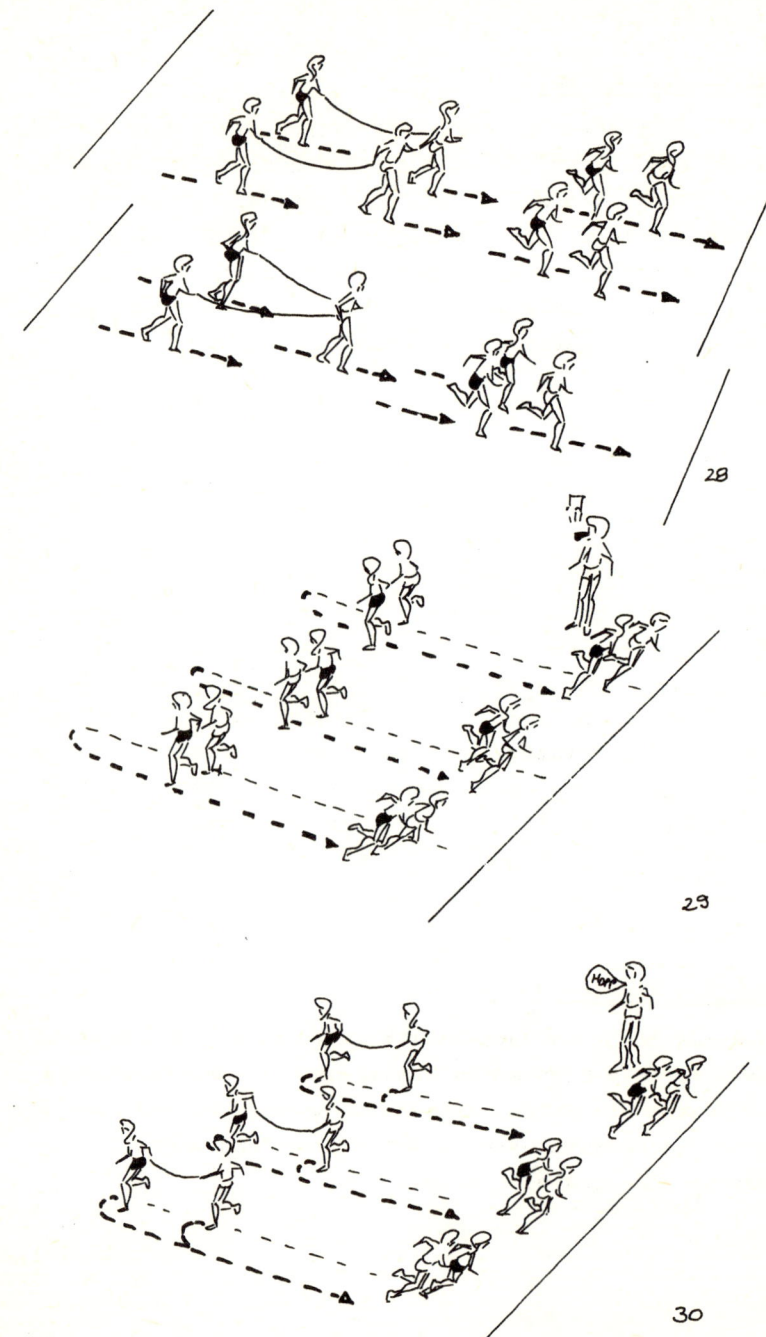

28

29

30

28 Vorgabe - Gespanne

Drei oder vier Läufer bilden, mit Seilen verbunden, ein Ge-
spann. Auf ein bestimmtes Signal beginnt der Sprint: Die
Läufer lassen die Seile fallen; die hinteren versuchen,
die vorderen zu fangen. Beim nächsten Durchgang werden die
Rollen getauscht.

29 Umkehrspurt aus dem Traben

Die Läufer traben, auf gleicher Höhe bleibend, von einer
Ziellinie weg. Auf ein bestimmtes Signal drehen sie sich
um und spurten zur Ziellinie zurück. Die Läufergruppen
oder -paare können immer wieder neu zusammengesetzt werden.

30 Umkehrspurt mit Vorgabe

Je zwei Läufer traben im Abstand eines Seiles von einer
Ziellinie weg. Auf ein bestimmtes Signal lassen sie das
Seil fallen und sprinten zur Ziellinie zurück. Beim nächsten Durchgang werden die Rollen getauscht, dann die Paare usw.

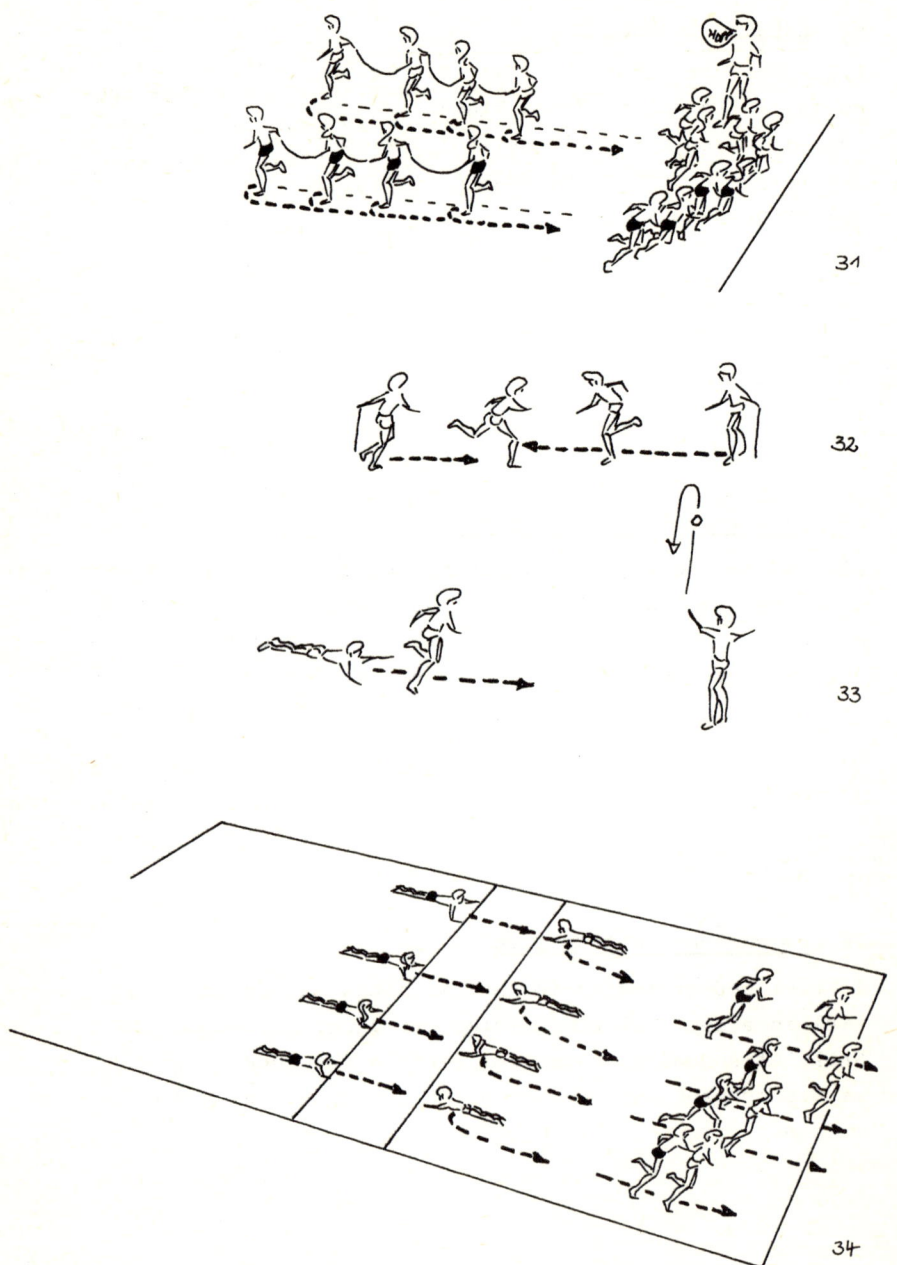

31

32

33

34

31 Umkehrspurt mit Vorgabe - Kette

Die Läufer jeder Gruppe traben, jeweils um Seillänge vón-
einander entfernt, von einer Ziellinie weg. Auf ein bestimmtes Signal lassen sie die Seile fallen, drehen sich
reaktionsschnell um und spurten zur Ziellinie zurück. Jeder hintere Läufer versucht, so viel wie möglich vordere
einzuholen. Bei den folgenden Durchgängen wird jeweils die
Reihenfolge geändert.

32 Stabtausch

Je zwei Spieler halten Gymnastikstäbe in wenigen Metern Abstand voneinander senkrecht auf den Boden. Auf ein selbst-
gegebenes Startsignal spurtet jeder zum Stab des anderen
und versucht, diesen vor dem Umfallen zu erreichen.
Welches Paar schafft die größte Distanz?

33 Bälle schnappen

Je zwei Spieler gehören zusammen. Der eine wirft einen Ball
senkrecht hoch, der andere startet zu diesem Ball (verschiedene Startstellungen) und versucht, diesen vor der Bodenberührung zu erreichen. Die beiden Spieler gestalten die
Aufgabe immer schwieriger.

34 Schwarz - Weiß

Zwei Gruppen nehmen an zwei etwa 2-3m voneinander entfernten Linien Startpositionen ein (verschiedene Startstellungen). Eine Gruppe heißt "Schwarz", die andere "Weiß". Der
Lehrer/Übungsleiter ruft die Gruppe, die weglaufen muß.
Ruft er "Schwarz", muß "Schwarz" weglaufen und "Weiß" versuchen, so viel wie möglich "Schwarze" zu fangen, und umgekehrt.

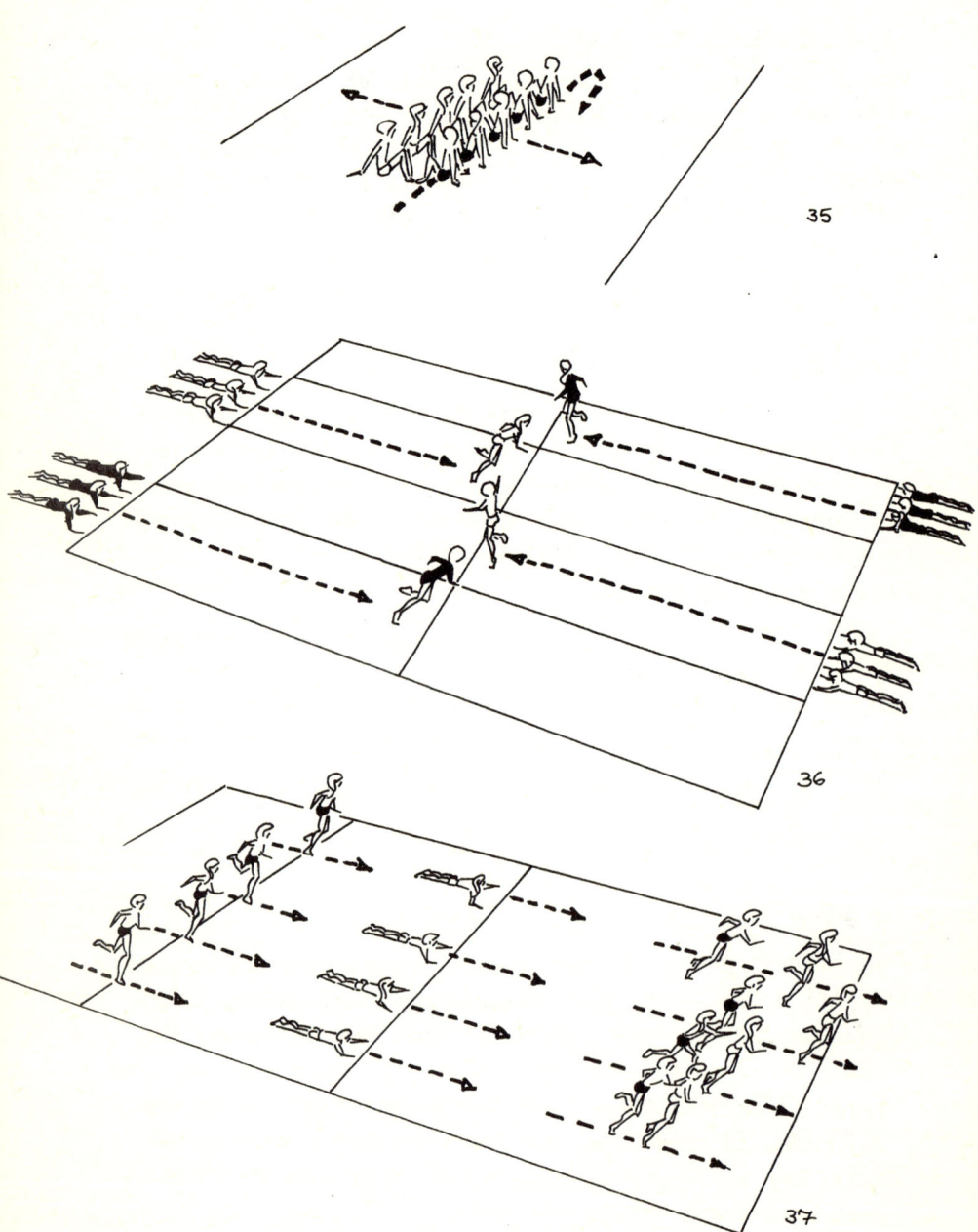

35

36

37

35 Schwarz - Weiß mit Durchwechseln

Von den Mannschaften "Schwarz" und "Weiß" sitzen sich jeweils Paare gegenüber (siehe 34). Bei jedem Durchgang
wechselt eine der beiden Mannschaften genau eine Position
weiter, so daß bei jedem Lauf neue Paarungen entstehen.

36 Nummernstart zur Mittellinie

Mehrere Mannschaften werden an gegenüber liegenden Startlinien verteilt. Die Ziellinie liegt in der Mitte zwischen
ihnen. Die Läufer jeder Mannschaft bekommen Nummern, der
erste die 1, der zweite die 2 usw. Die jeweils aufgerufene
Nummer startet zur Mittellinie (verschiedene Startstellungen).

37 Start gegen "fliegend"

Zwei Gruppen treten jeweils gegeneinander an. Die hintere
beginnt ihren Lauf mit einem Steigerungslauf, die vordere
mit einem Start aus der Ruhestellung (verschiedene Startstellungen). Der Steigerungslauf wird mit dem Kommando
"Fertig" begonnen. Wenn eine bestimmte Linie erreicht ist
(die Gruppe bleibt bis dahin auf gleicher Höhe), erfolgt
das Kommando "Los", das den Spurt der hinteren und den
Start der vorderen Gruppe bedeutet. Beim zweiten Durchgang werden die Rollen getauscht.

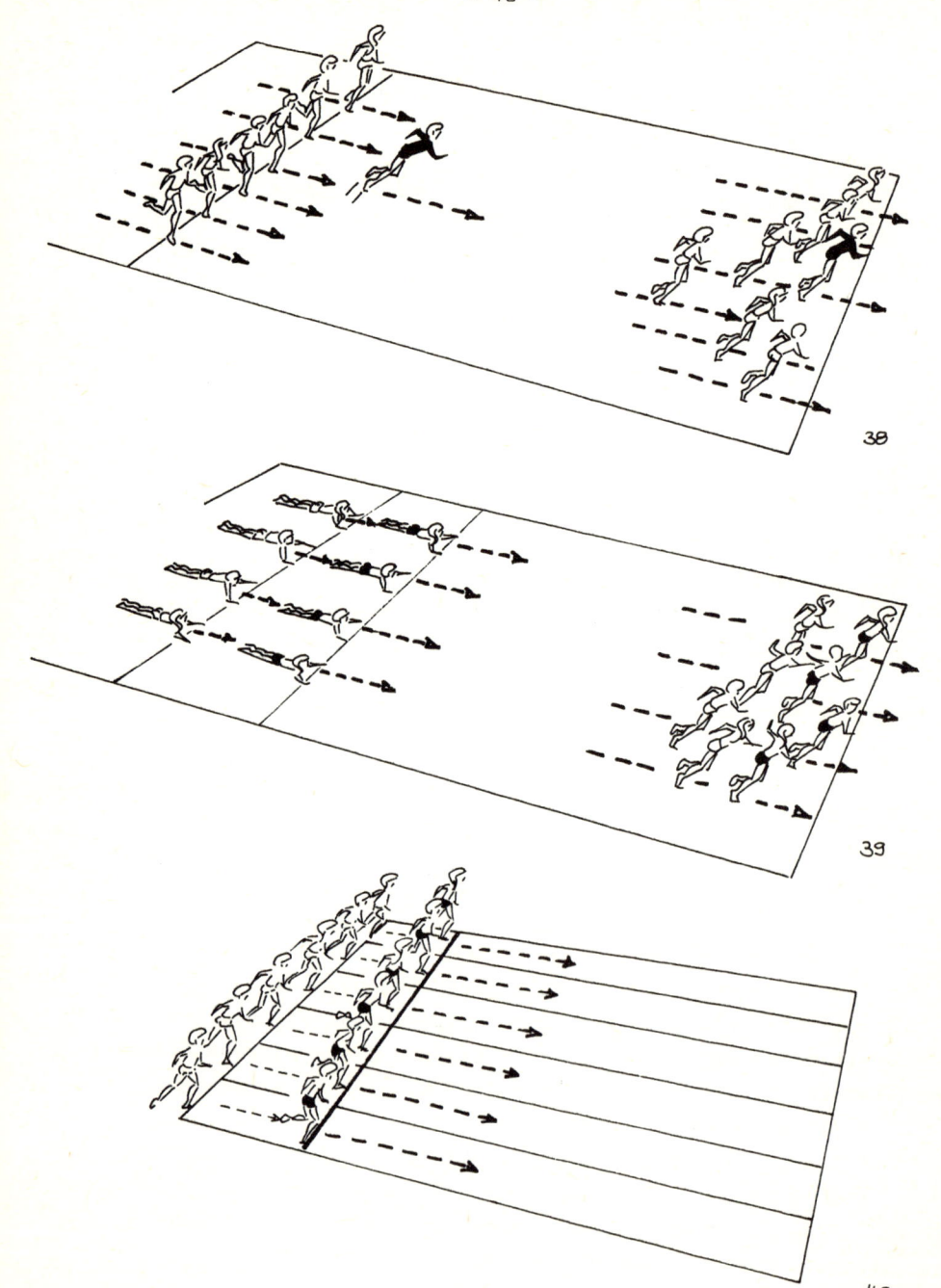

38

39

40

38 "Fliegend" gegen "Hasen"

Eine ganze Gruppe tritt jeweils gegen einen einzelnen Läufer (den Hasen) an. Die Gruppe beginnt den Lauf beim Kommando "Fertig" mit einem Steigerungslauf. Wenn sie eine bestimmte Linie erreicht, erfolgt das Kommando "Los", das den Spurt der Gruppe und den Start des "Hasen" einleitet.

39 Überholen

Es starten jeweils zwei Mannschaften von hintereinander liegenden Startlinien. Beim nächsten Durchgang werden die Rollen getauscht.

Variation: Die Läufer werden paarweise zugeteilt. Beim nächsten Durchgang werden die Rollen getauscht, dann die Paarungen usw.

40 Start bei Berühren der Linie

Je zwei Läufer treten gegeneinander an. Der erste trabt langsam (!) an. Wenn er eine deutlich sichtbare Linie mit dem Fuß berührt, startet der hintere und versucht, den Flüchtenden einzuholen. Beim nächsten Durchgang werden die Rollen getauscht, dann die Paarungen usw.

Variation: Gruppenwettspiel: Jeder Eingeholte zählt einen Punkt für die Gruppe.

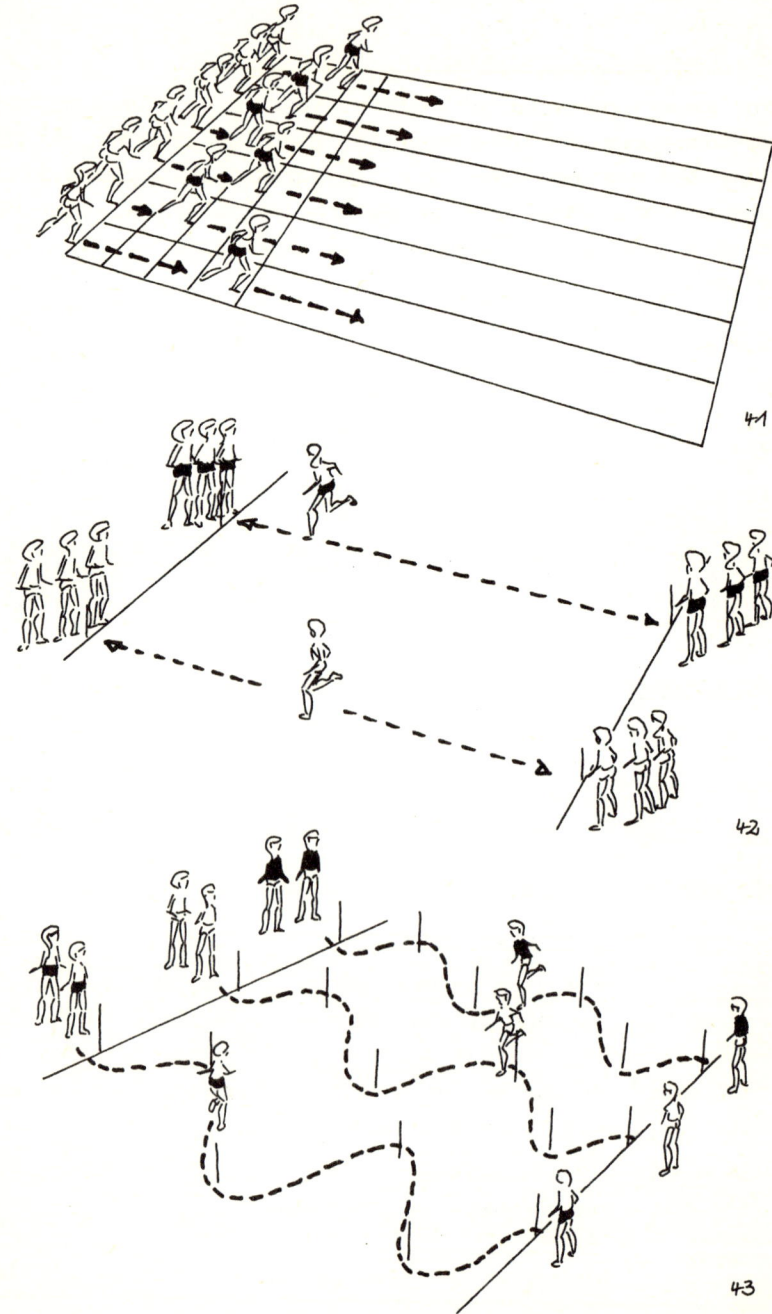

41

42

43

41 Überholen mit unterschiedlichen Vorgaben

Wer schafft die geringste Differenz? Zur Beantwortung dieser Frage beginnen die Paare ihr Verfolgungsrennen mit dem weitesten Abstand. Dann wird die Vorgabe stufenweise reduziert. Nach jedem Durchgang werden die Rollen bei gleichem Abstand getauscht, für einen neuen Durchgang dann die Paare usw.

42 Pendelstaffel

Die Laufaufgaben können sehr variabel gestaltet werden: vorwärts, rückwärts, seitwärts, Hopserlauf, Seitgrätschhüpfen usw.

43 Slalom - Pendelstaffel

Der Slalomlauf zielt auf die Verbesserung der Laufkoordination. Je nach Absicht und Leistungsfähigkeit können Gruppengröße, Streckenlänge und Streckenführung variiert werden.

44

45

46

44 Einer ruht sich aus

Jede Mannschaft besteht aus drei Läufern, von denen immer
zwei (Handfassung) laufen und einer sich ausruht. Die Anzahl der Läufe wird vorher festgelegt.

45 Einer läuft zweimal

Der erste Läufer durchläuft die Slalomstrecke, holt den
zweiten ab und kehrt mit diesem zum Start zurück. Der zweite Läufer holt hier den dritten ab und kehrt zu seiner Ausgangsposition zurück usw. Die Anzahl der Durchgänge wird
vorher festgelegt.

46 Gerätetransport zu zweit

Je zwei tragen ein Gerät (Gymnastikstab, Reifen) hinter ein
Mal, kehren zurück und schlagen das nächste Paar ab; diese
bringen das Gerät wieder zurück usw. Die Anzahl der Durchgänge wird vorher festgelegt.

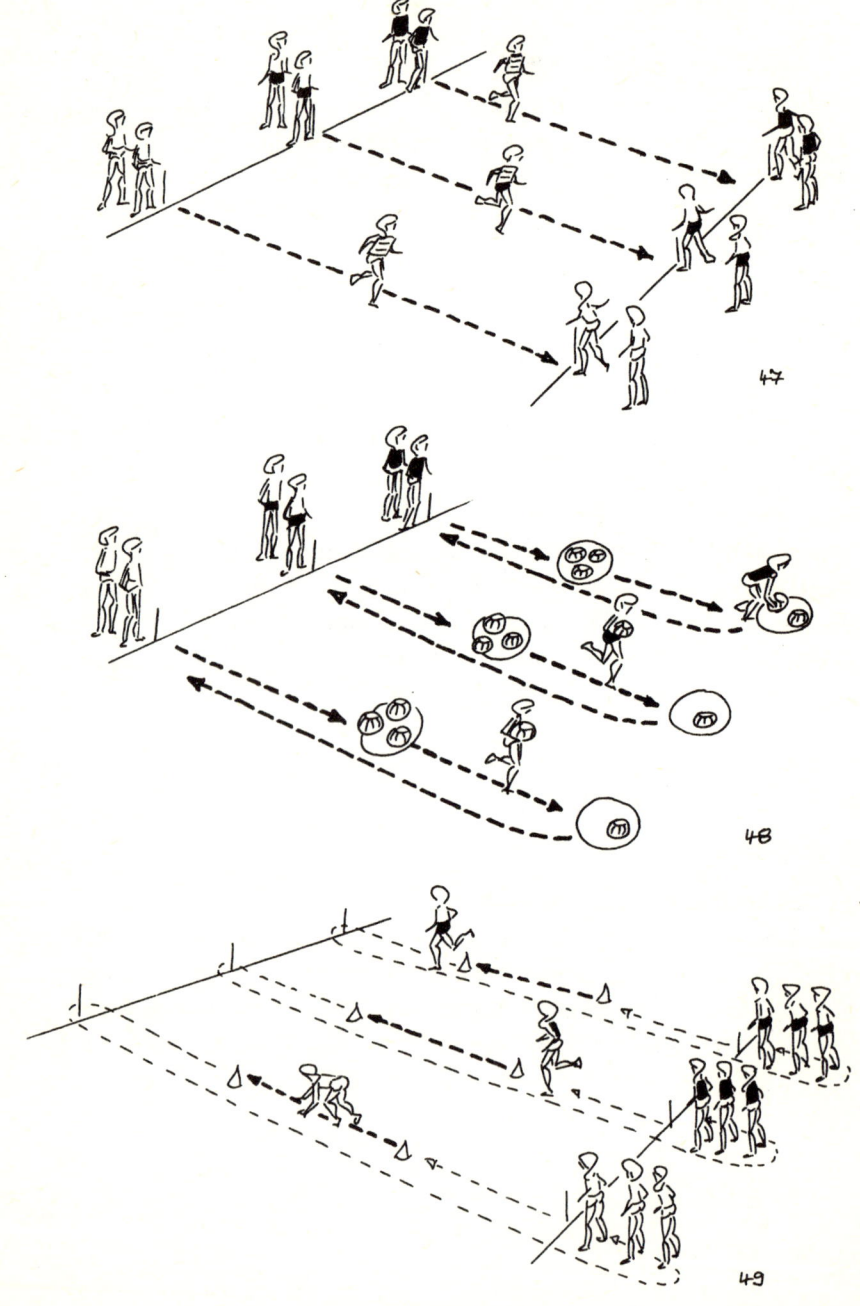

47

48

49

47 Zeitungsstaffel

Statt eines Staffelholzes übergeben die Läufer ein Zeitungsblatt, das sie beim Laufen frei vor der Brust tragen.

Variation: Zeitungsstaffel paarweise: Die Paare transportieren die Zeitung ohne Gebrauch der Hände (z.B. Schulter an Schulter).

48 Geräte verlegen

Jede Mannschaft hat auf ihrer Strecke zwei Sammelstellen;
die erste ist gefüllt, die zweite ist leer oder umgekehrt.
Die Aufgabe besteht darin, je ein Gerät von einer Sammelstelle zur anderen zu tragen und den nächsten Läufer abzuschlagen.

49 Wendestaffel mit besonderen Aufgaben

Die Läufer haben auf ihrem Weg innerhalb eines abgesteckten Bereiches eine bestimmte Aufgabe zu erfüllen (z.B. auf
allen Vieren, Krebsgang usw.).

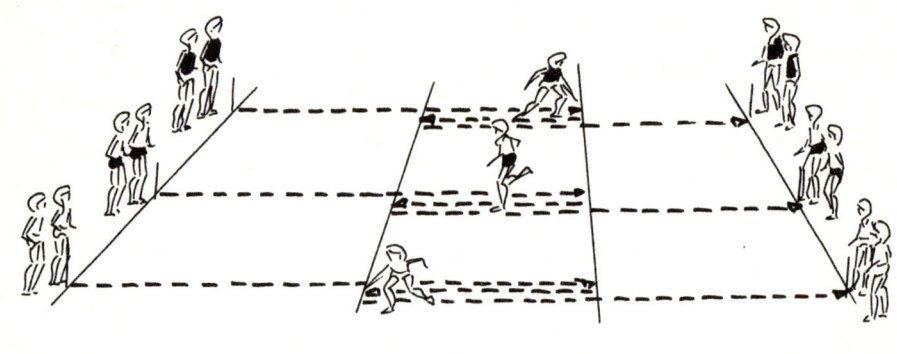

50

51

52

50 Pendellauf - Staffel

Die Läufer pendeln auf ihrem Weg zur anderen Seite einmal zwischen zwei Linien hin und her. Beide Linien müssen mit einer Hand berührt werden.

51 Pendellauf - Wendestaffel

Jeder Läufer pendelt zunächst zu einer nahen, dann zu einer entfernten Linie. Die Linien müssen mit einer Hand berührt werden.

52 Huckepack - Staffel

Die Läufer werden dadurch besonders belastet, daß sie einen Partner im Huckepack transportieren. Beim Rückweg werden die Rollen getauscht.

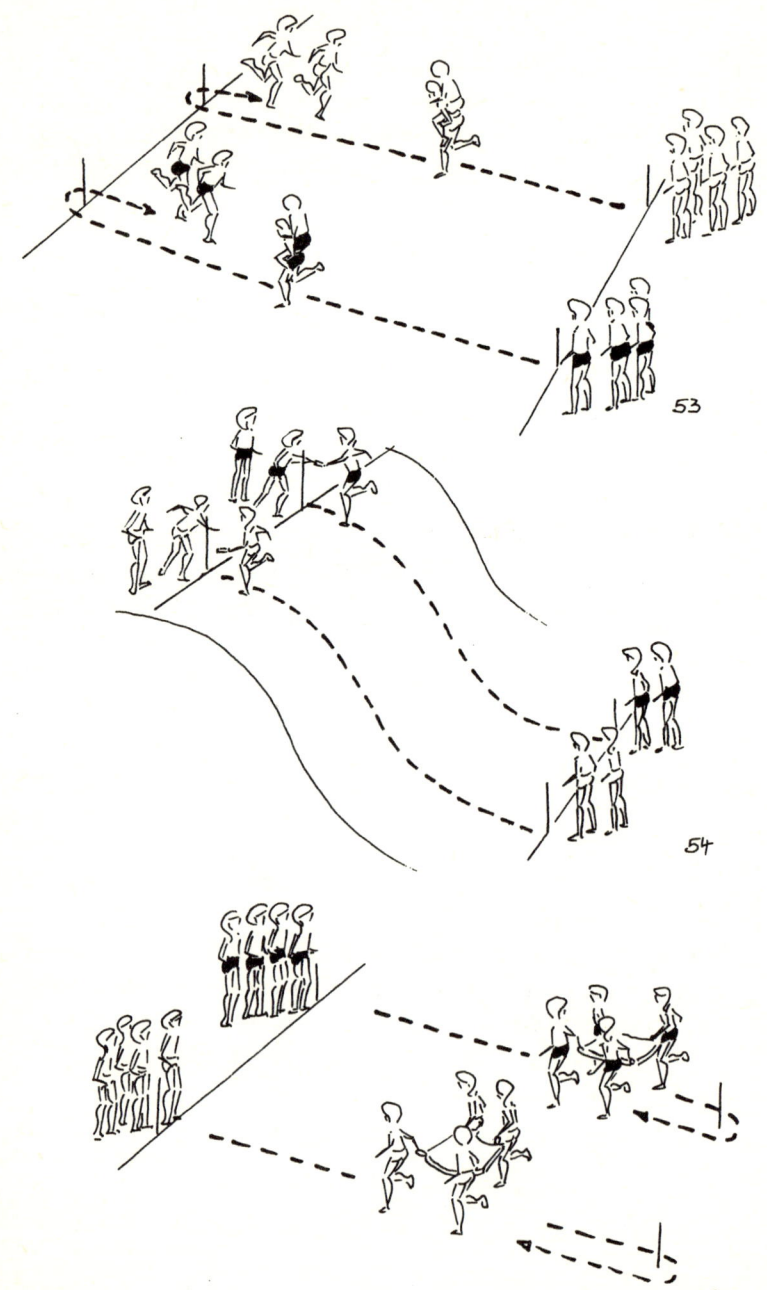

53

54

55

53 Huckepack - Wendestaffel

Ein Läufer trägt einen anderen im Huckepack bis zu einem
Wendemal, von dem ab beide im Sprint den Rückweg antreten.
Beim nächsten Einsatz tauschen sie ihre Rollen.

54 Pendelstaffel: Bergauf - bergab

In hügeligem Gelände, auch auf kleinen Wällen am Rande der
Sportanlagen läßt sich diese interessante Variante der Pendelstaffel durchführen. Nach jedem Lauf bergauf folgt ein
Lauf bergab, so daß die Veränderungen der Bedingungen
deutlich erfahren werden.

Variationen: Siehe die Variationen der Pendelstaffeln.

55 Mattentragestaffel

Je vier Läufer tragen eine Matte an ihren Schlaufen.

Variation: Auf der Matte wird zusätzlich ein Gerät
transportiert (z.B. Medizinball).

56

57

58

56 Dreier - Pendelstaffel

Gelaufen wird in festen Dreiergruppen, die jeweils ge-
schlossen (Handfassung) die Laufstrecke zurücklegen. Die
Anzahl der Läufe wird vorher festgelegt.

57 Fünfbeinlauf

Gelaufen wird in Dreiergruppen. Der mittlere legt den beiden äußeren Läufern die Arme über die Schultern und legt
die Strecke hinkend zurück. Die Anzahl der Läufe wird vorher festgelegt.

58 Schiebelauf

Zwei Läufer schieben einen dritten, der sich mit den Beinen nach vorne in sie eingehängt hat. Die Rollen werden
durchgewechselt.

- 54 -

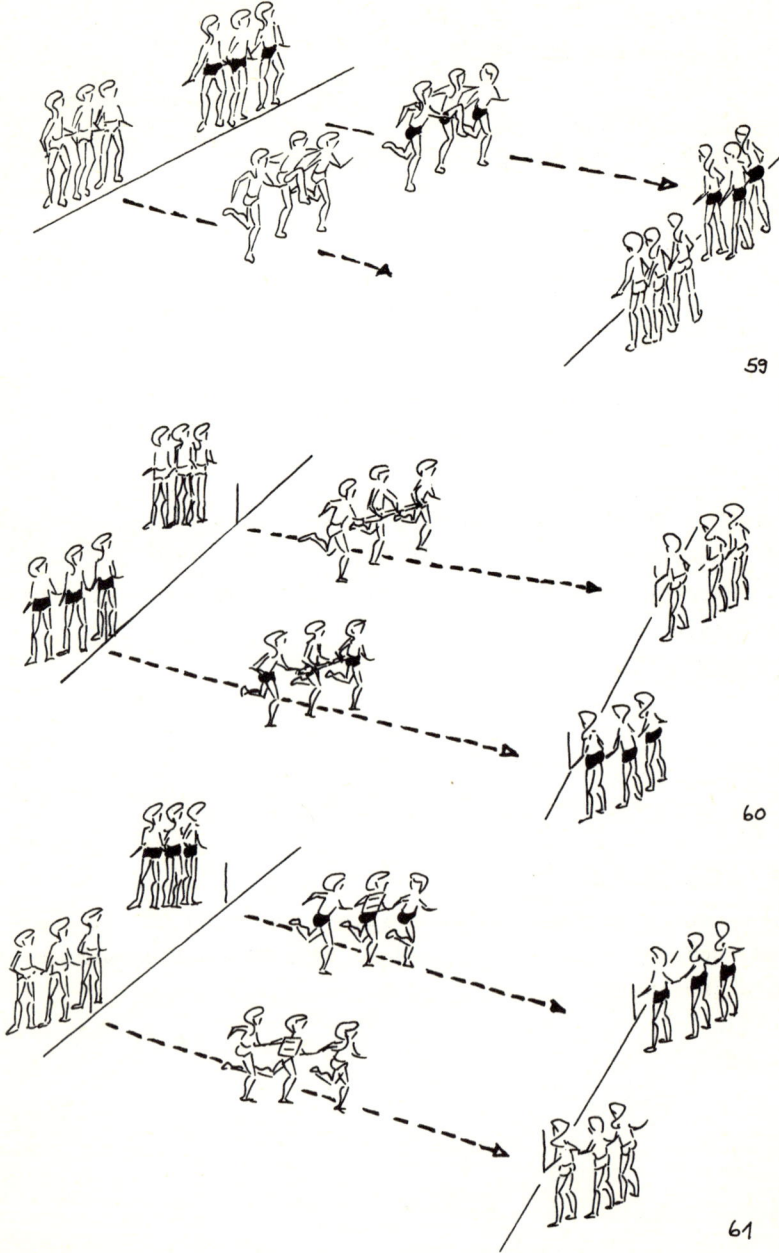

59

60

61

59 Fünfbeinlauf mit Einhängen

Je drei Läufer bilden eine Einheit. Der mittlere legt den
beiden äußeren die Arme über die Schulter und hängt ein
Bein über deren gefaßte Hände. Er legt die Strecke hinkend
zurück. Die Rollen werden durchgewechselt.

60 Dreierpendel mit Gerätetransport

Je drei Läufer tragen ein Gerät (z.B. Gymnastikstab). Die
Anzahl der Läufe wird vorher festgelegt.

61 Zeitungsstaffel zu dritt

Zwei Läufer ziehen einen dritten, der eine Zeitung vor der
Brust mitführt. Die Rollen werden durchgewechselt.

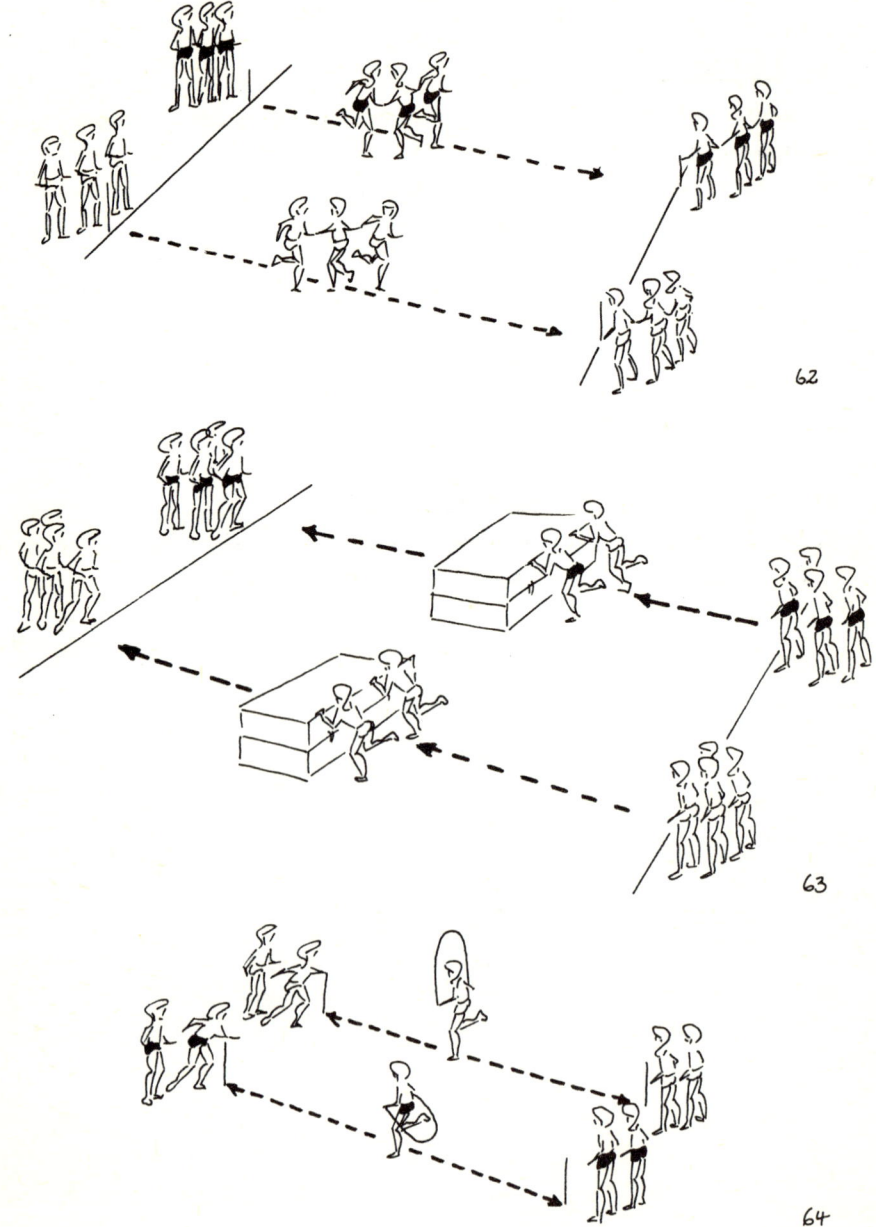

62

63

64

62 Der mittlere läuft rückwärts

Es laufen immer drei, zwei außen vorwärts und der dritte
Läufer in der Mitte rückwärts. Die Rollen werden durchgewechselt.

63 Weichboden schieben

Je zwei Weichböden werden übereinander gelegt und fest verbunden. In Art der Pendelstaffel werden die Weichböden von
jeweils zwei, drei Läufern hin- und hergeschoben. Die Anzahl der Durchgänge wird vorher festgelegt.

64 Pendelstaffel: Seildurchschlagen

Die Laufstrecke muß mit Seildurchschlagen überwunden werden. Das Seil wird jeweils an den nächsten Läufer übergeben.

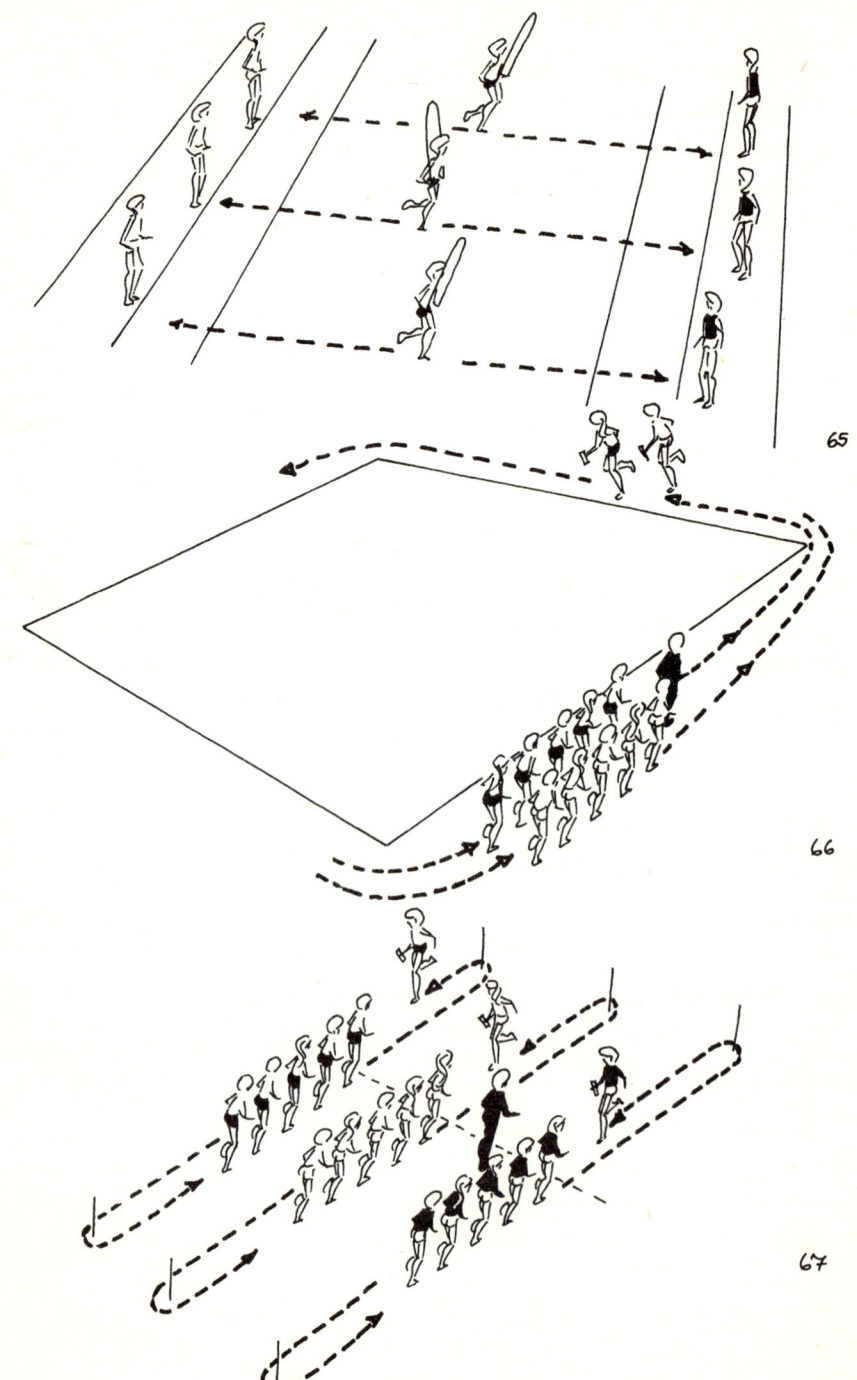

65

66

67

65 Distanz überwinden mit Seildurchschlagen

Je drei Läufer bilden eine Gruppe. Sie versuchen abwechselnd, eine festgelegte Laufstrecke mit Seildurchschlag zu
überwinden. Die Laufstrecke wird allmählich erweitert. Wer
schafft die größte Distanz?

66 Trabstaffel

Zwei Mannschaften traben je in Reihe hintereinander um ein
Viereck. Der Lehrer/Übungsleiter bestimmt das Tempo. Die
ersten jeder Mannschaft tragen ein Staffelholz. Nach erfolgtem Startsignal sprinten sie um das Viereck herum, bis
sie das Ende ihrer trabenden Mannschaft erreichen. Das
Staffelholz wird von hinten nach vorne durchgegeben, der
zweite Läufer startet usw.

67 Wende - Trabstaffel

Mehrere Mannschaften traben je in Reihe hintereinander zwischen zwei Wendemarken hin und her. Der Lehrer/Übungsleiter
bestimmt das Tempo. Die ersten jeder Mannschaft tragen ein
Staffelholz. Sie sprinten nach erfolgtem Startsignal so
lange um die Wendemarken, bis sie das Ende ihrer trabenden
Mannschaft erreichen. Das Staffelholz wird nach vorne durchgegeben, der zweite Läufer startet usw.

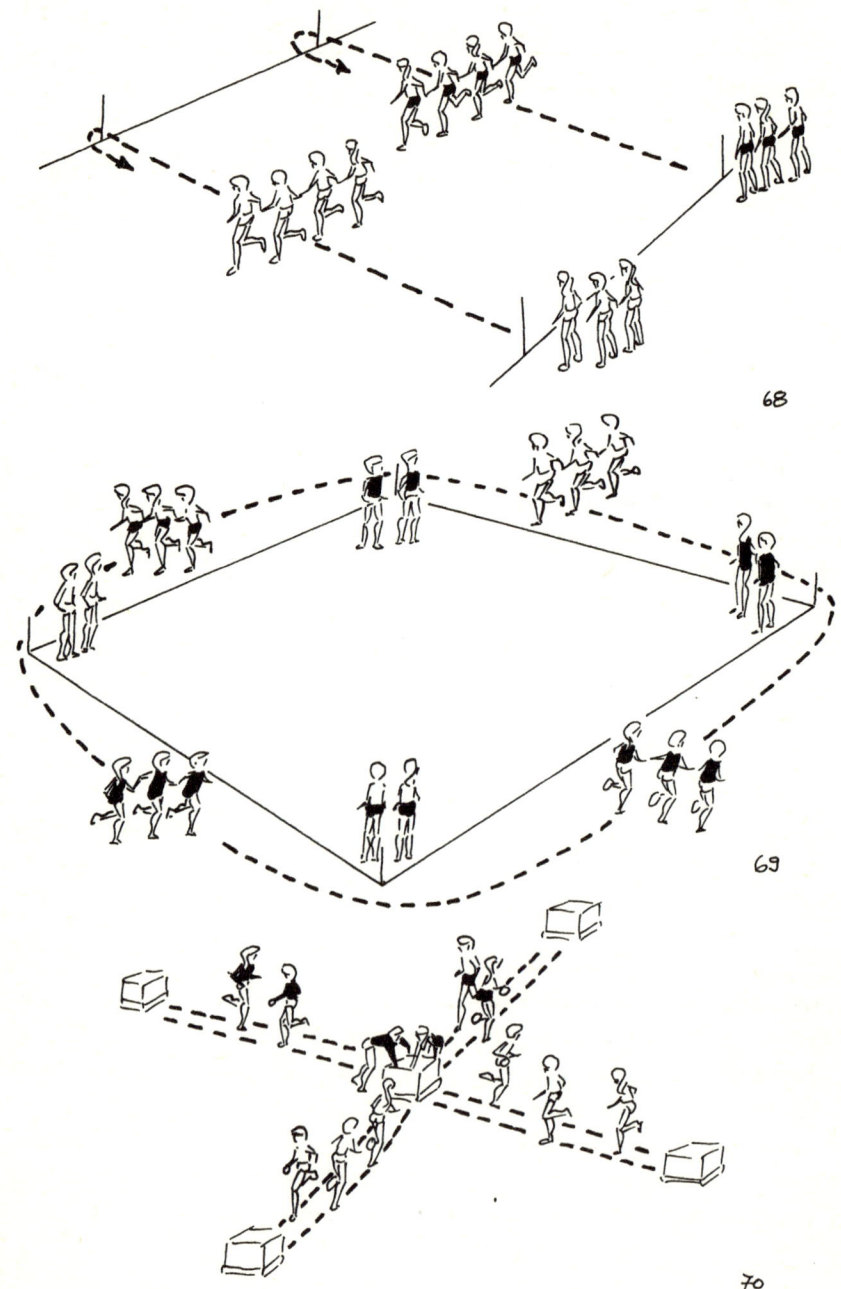

68

69

70

68 Wachsen und Schrumpfen um Wendemarken

Zu Beginn läuft einer, dann zwei, dann drei (jeweils mit
Handfassung) usw. Die Anzahl der Läufer steigt bis zur vollen Mannschaftsstärke an und nimmt dann schrittweise wieder
ab. Das Wettspiel ist beendet, wenn der letzte Läufer die
Strecke allein zurückgelegt hat.

69 Wachsen und Schrumpfen auf dem Rundkurs

Die erste Runde läuft einer, die zweite Runde laufen zwei,
die dritte drei (jeweils mit Handfassung) usw. Die Anzahl
der Läufer nimmt von Runde zu Runde bis zur vollen Mannschaftsstärke zu und dann schrittweise wieder ab. Der Wettbewerb ist beendet, wenn der letzte Läufer die abschließen-
de Runde allein gelaufen ist.

70 "Schatzsuche"

Mehrere Sammelstellen und Mannschaften sind kreisförmig um
eine zentrale, mit "Schätzen" (Schlagbälle, Tennisbälle)
gefüllte "Schatztruhe" angeordnet. Die Aufgabe besteht darin, bei jedem Lauf zur Mitte genau einen "Schatz" zur eigenen Sammelstelle zu tragen. Welche Mannschaft erobert
die meisten "Schätze"?

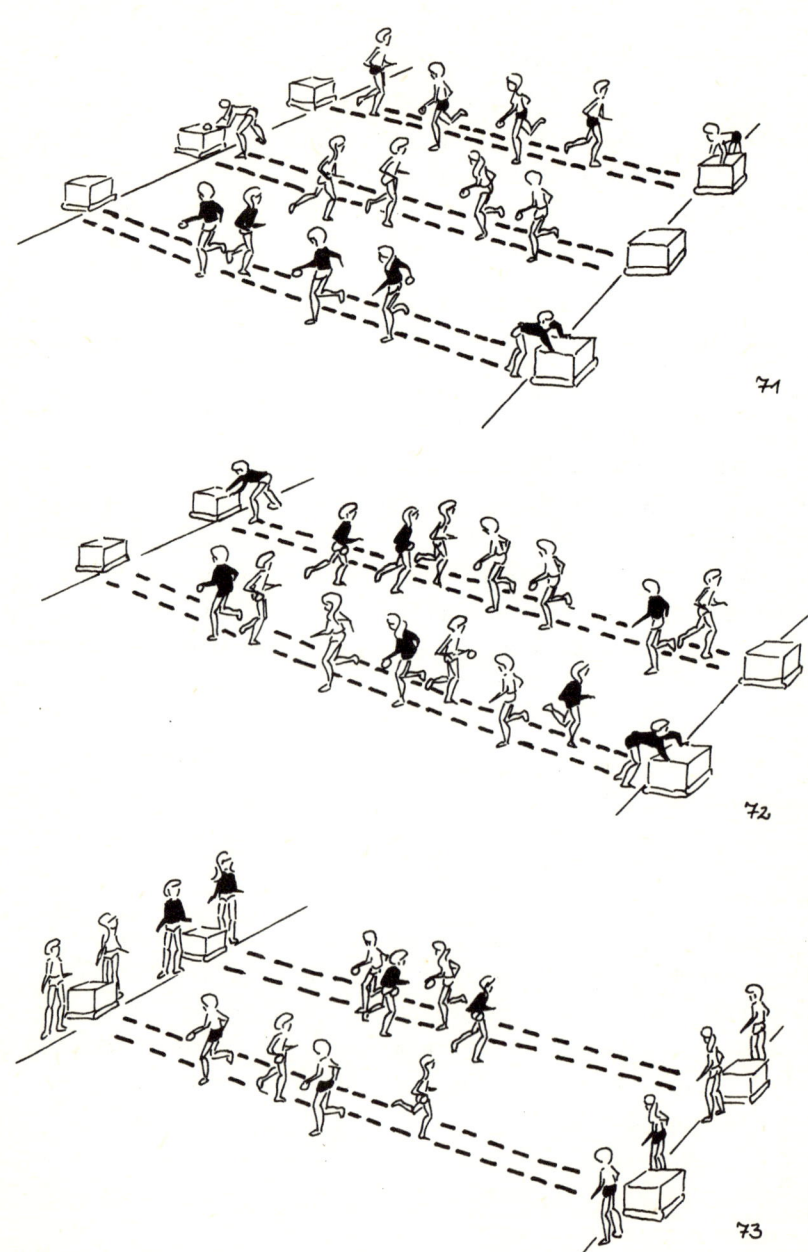

71

72

73

71 "Förderband"

Jede Mannschaft besitzt zwei Sammelstellen, eine mit Gegenständen (Schlagbälle, Tennisbälle) gefüllte und eine
leere. Die Aufgabe besteht darin, die gefüllte zu leeren
und die leere zu füllen. Bei jedem Lauf darf nur ein ein-
ziger Gegenstand transportiert werden. Es laufen
   - alle Läufer auf einmal,
   - zwei Gruppen jeweils im Wechsel.
Wer hat das Depot zuerst geleert?

72 Zur anderen Mannschaft

Je zwei Mannschaften treten gegeneinander an. Jede besitzt
eine Sammelstelle mit gleicher Anzahl von Gegenständen
(Schlagbälle, Tennisbälle). Die Aufgabe besteht darin, die
eigenen Gegenstände in die Sammelstelle des Gegners zu legen. Bei jedem Lauf darf nur ein Gegenstand mitgenommen
werden. Wer hat bei Abpfiff die wenigsten Teile in seinem
Kasten?

   Variation: Turnierform

73 Zur anderen Mannschaft - im Wechsel von zwei Gruppen

Wie bei 72 treten je zwei Mannschaften gegeneinander an.
Um den Läufern nach ihrem Einsatz eine Erholungspause zu
gewähren, wird jede Mannschaft in zwei Gruppen eingeteilt,
die den Lauf jeweils im Wechsel zurücklegen.

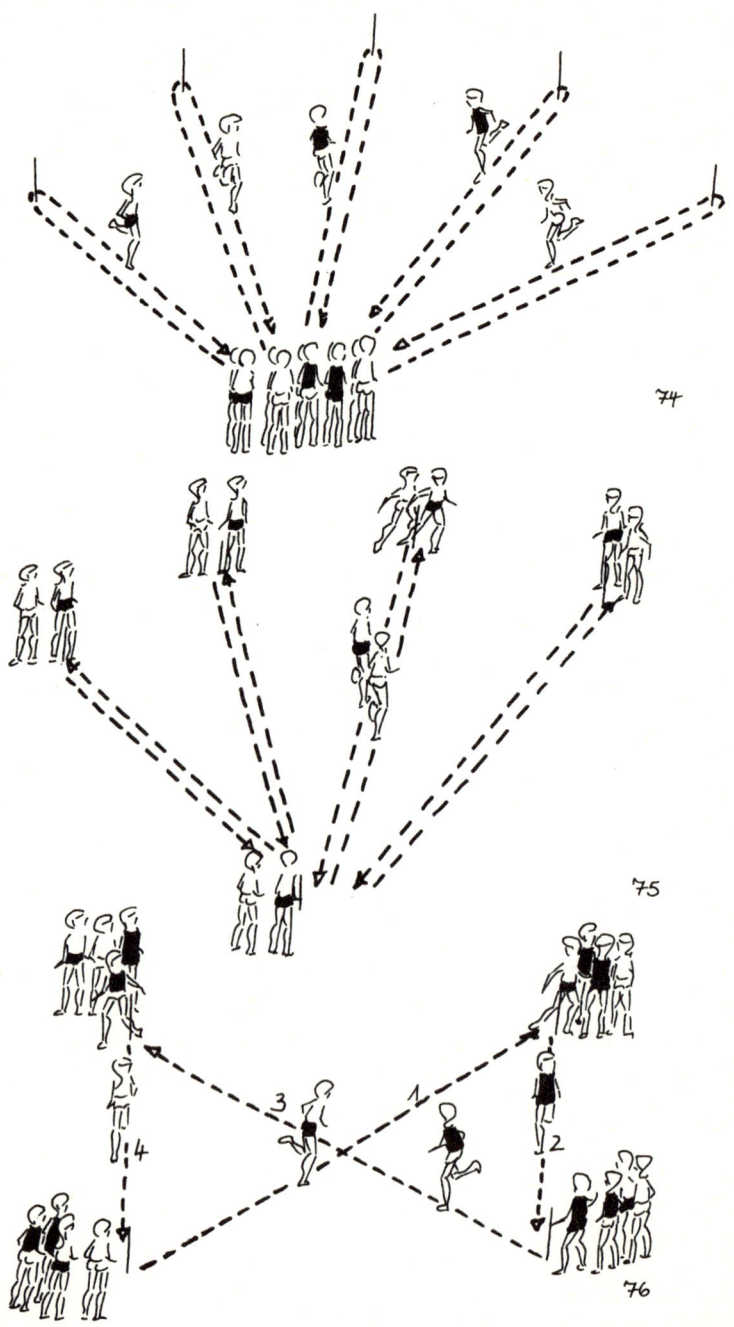

74

75

76

74 Stern - Wendestaffel

Von einer zentralen Position aus sind mehrere Laufstrecken
sternförmig abgesteckt. Diese werden in festgelegter Reihenfolge, bei der jede Mannschaft an einer anderen Strek-
ke beginnt, in Art der Wendestaffel durchlaufen.

75 Stern - Pendelstaffel

Von einer zentralen Position aus sind mehrere Laufstrecken
sternförmig abgesteckt. Mehrere Mannschaften verteilen ihre Läufer an den abgesteckten Punkten. Der Laufweg erfolgt
jeweils - in Art der Pendelstaffel - vom Zentrum nach außen
und zurück. Die Mannschaften beginnen den Staffellauf in
verschiedene Richtungen.

76 Achter - Staffellauf

Der Laufweg in Form einer Acht wird mit vier Markierungen
abgesteckt; die Läufer jeder Mannschaft werden an diesen
Punkten verteilt. Die Mannschaften beginnen ihren Lauf,
deren Gesamtumfang vorher festgelegt wird, an den verschiedenen Ecken des Vierecks.

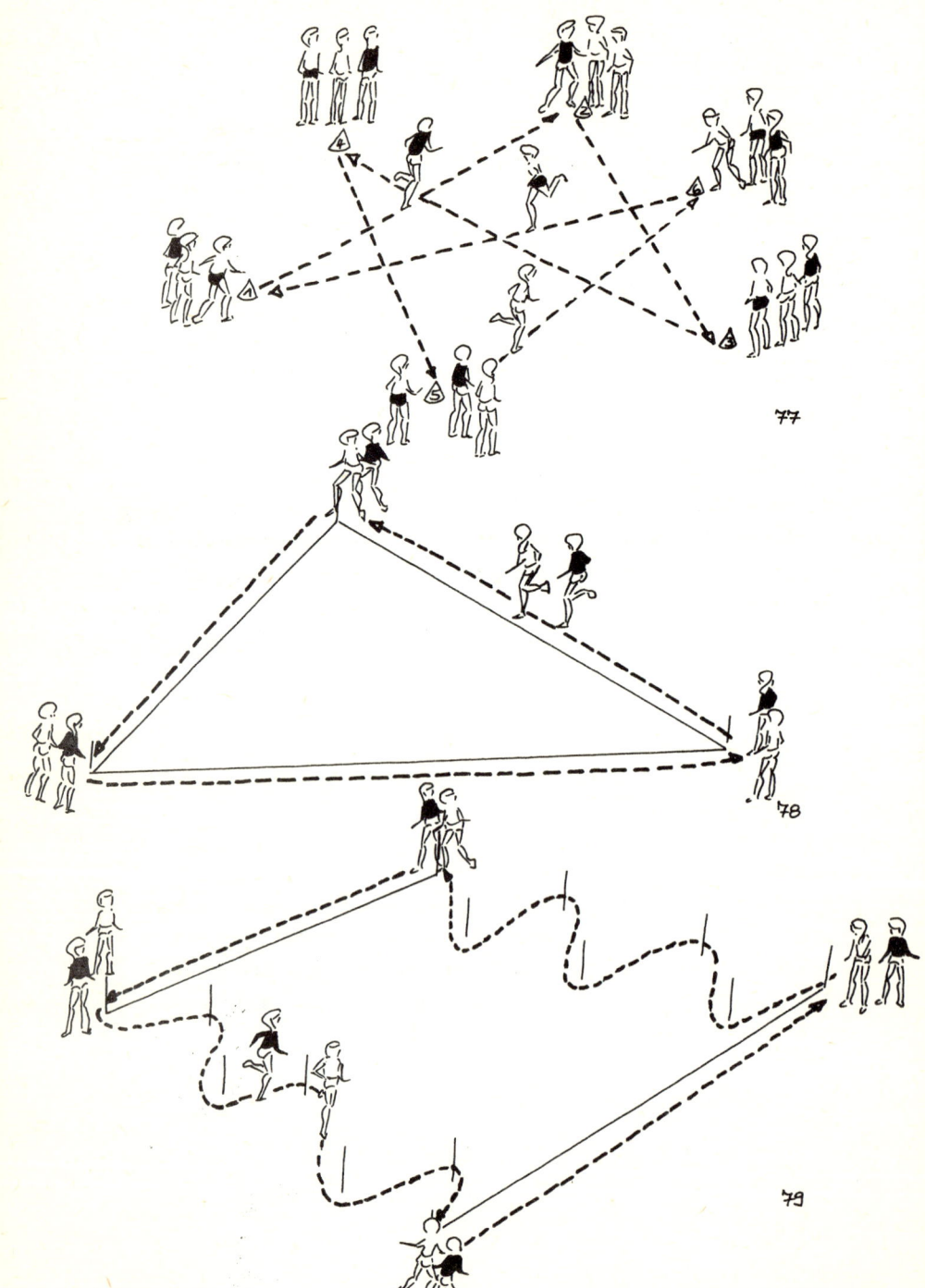

77

78

79

77 Stationen - Staffel

Auf dem Sportplatz werden verschiedene Stationen markiert
(z.B. Hütchen mit Nummern) und die Läufer jeder Mannschaft
an ihnen verteilt. Die numerierten Stationen werden in
festgelegter Reihenfolge angelaufen. Jede Mannschaft beginnt ihren Lauf, dessen Gesamtumfang vorher festgelegt
wird, an einer anderen Station.

78 Vier auf dem Dreieckskurs

Jede Mannschaft besteht aus vier Läufern, von denen je eine Ecke des Dreiecks besetzt wird, am Start befinden sich
zwei. Die Mannschaften starten an verschiedenen Ecken. Die
Anzahl der Runden wird vorher festgelegt.

Variation: Ein Durchgang ist dann zuende, wenn es einer
Mannschaft gelungen ist, eine andere einzu-
holen. Für den folgenden Durchgang wird die
Reihenfolge geändert.

79 Variables Viereck

Die Läufer jeder Mannschaft verteilen sich an den Ecken
eines Vierecks, am Start befinden sich mindestens zwei.
Die Seiten des Vierecks bestehen aus zwei Geraden und zwei
Slalomstrecken, so daß jeder Läufer nach einem geraden
Sprint eine Slalomstrecke bewältigen muß. Die Anzahl der
Runden wird vorher festgelegt.

Variation: Jede Mannschaft startet an einer anderen Ek-
ke. Ein Durchgang ist dann zuende, wenn es
einer Mannschaft gelungen ist, eine andere
einzuholen. Beim folgenden Durchgang wird
die Reihenfolge geändert.

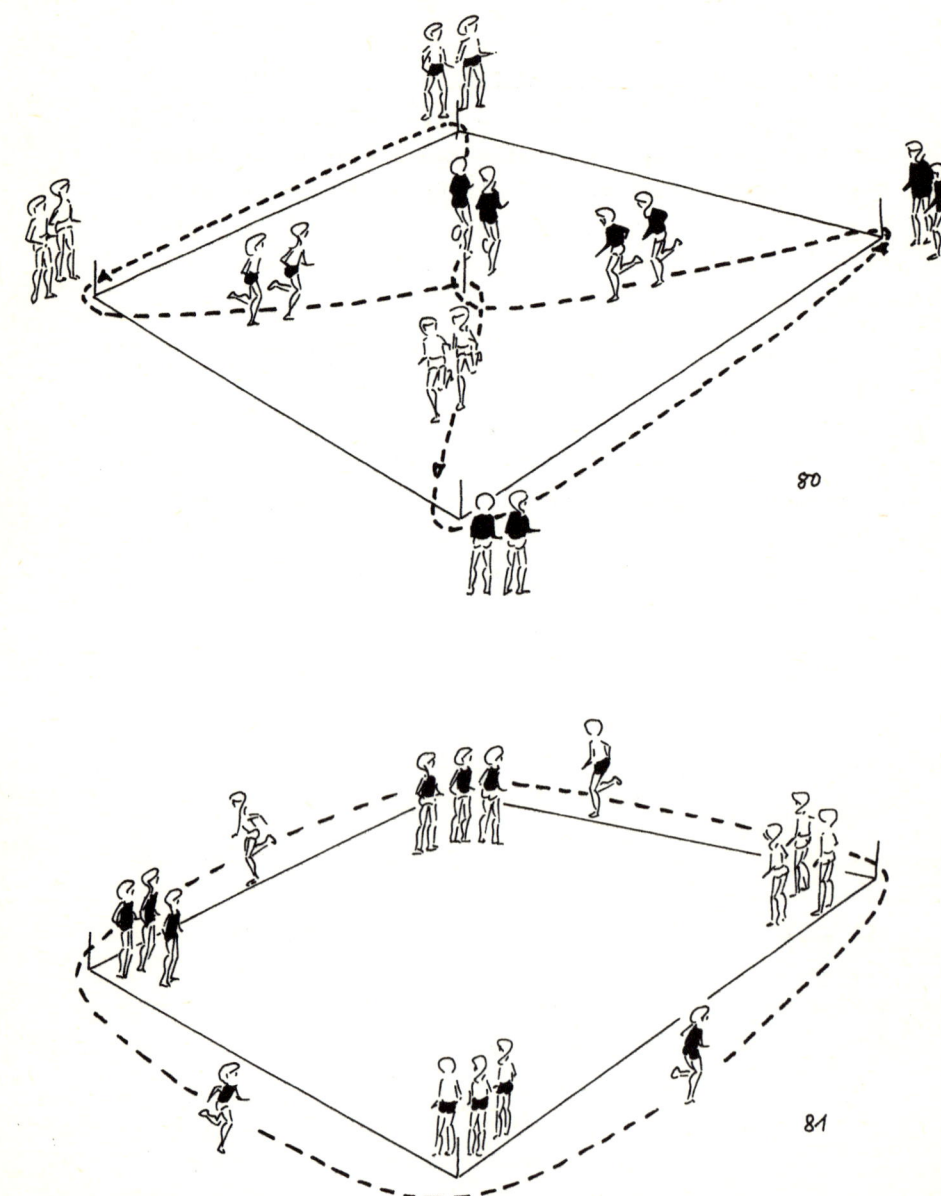

80

81

80 Durch die Mitte des Vierecks

Vier Mannschaften besetzen die Ecken eines Vierecks. Der
Laufweg führt über zwei Seiten des Vierecks und zweimal
über dessen Mitte, die deutlich markiert ist (Hütchen,
Stange). Je nach Mannschaftsgröße läuft immer nur einer,
oder es laufen zwei Läufer gleichzeitig. Die Anzahl der
Runden wird vorher festgelegt.

Variation: Lauf in Art des Sechstagerennens (siehe 81)

81 Sechstagerennen

Jeder Läufer muß den Rundkurs sechsmal durchlaufen. Je
nach Leistungsfähigkeit und Absicht können Runden- und
Gruppengröße unterschiedlich gewählt werden.

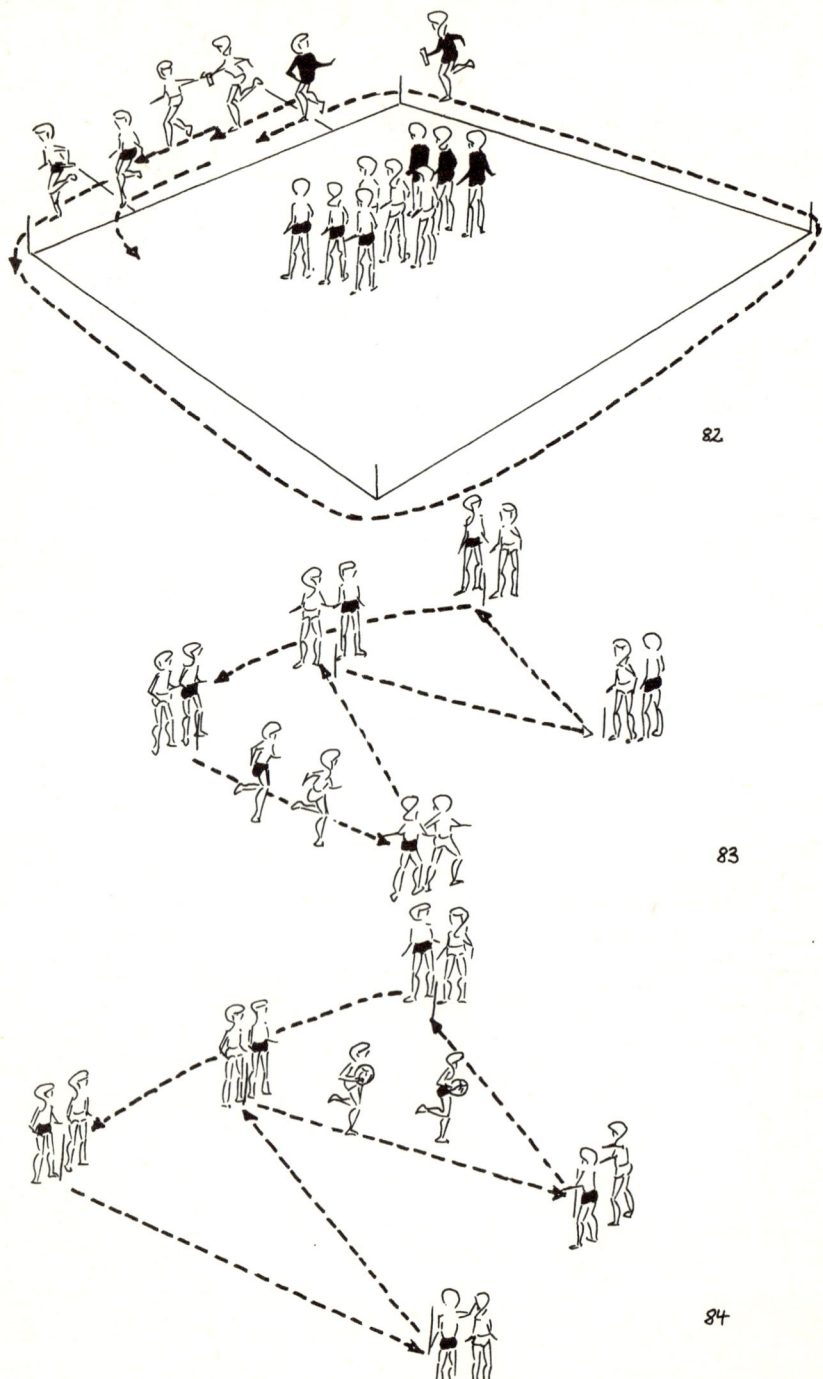

82

83

84

82 Rundenstaffel mit fliegender Stabübergabe

Mehrere Mannschaften treten auf dem gleichen Rundkurs gegeneinander an. Jeder Läufer legt jeweils eine Runde zurück.
Die Stabübergabe zum nächsten erfolgt an einer Seite des
Vierecks in einem festen Wechselraum. Die Anzahl der Runden wird vorher festgelegt.

    <u>Variation</u>: Lauf in Art des Sechstagerennens (siehe 81)

83 Zick - Zack - Staffel

Die Laufstrecke ist im Zick-Zack abgesteckt. Die Läufer der
Mannschaften sind an den verschiedenen Ecken verteilt. Jeder Läufer legt jeweils eine Teilstrecke zurück. Der letzte sprintet wieder zum Anfang.

84 Zick - Zack - Staffel mit Gerätetransport

Die Laufstrecke ist wie bei 83 im Zick-Zack abgesteckt. Die
Läufer der Mannschaften sind an den Ecken verteilt. Jeder
Läufer trägt ein Gerät (z.B. Medizinball) jeweils eine Mar-
kierung weiter. Der letzte bringt es wieder nach vorne.

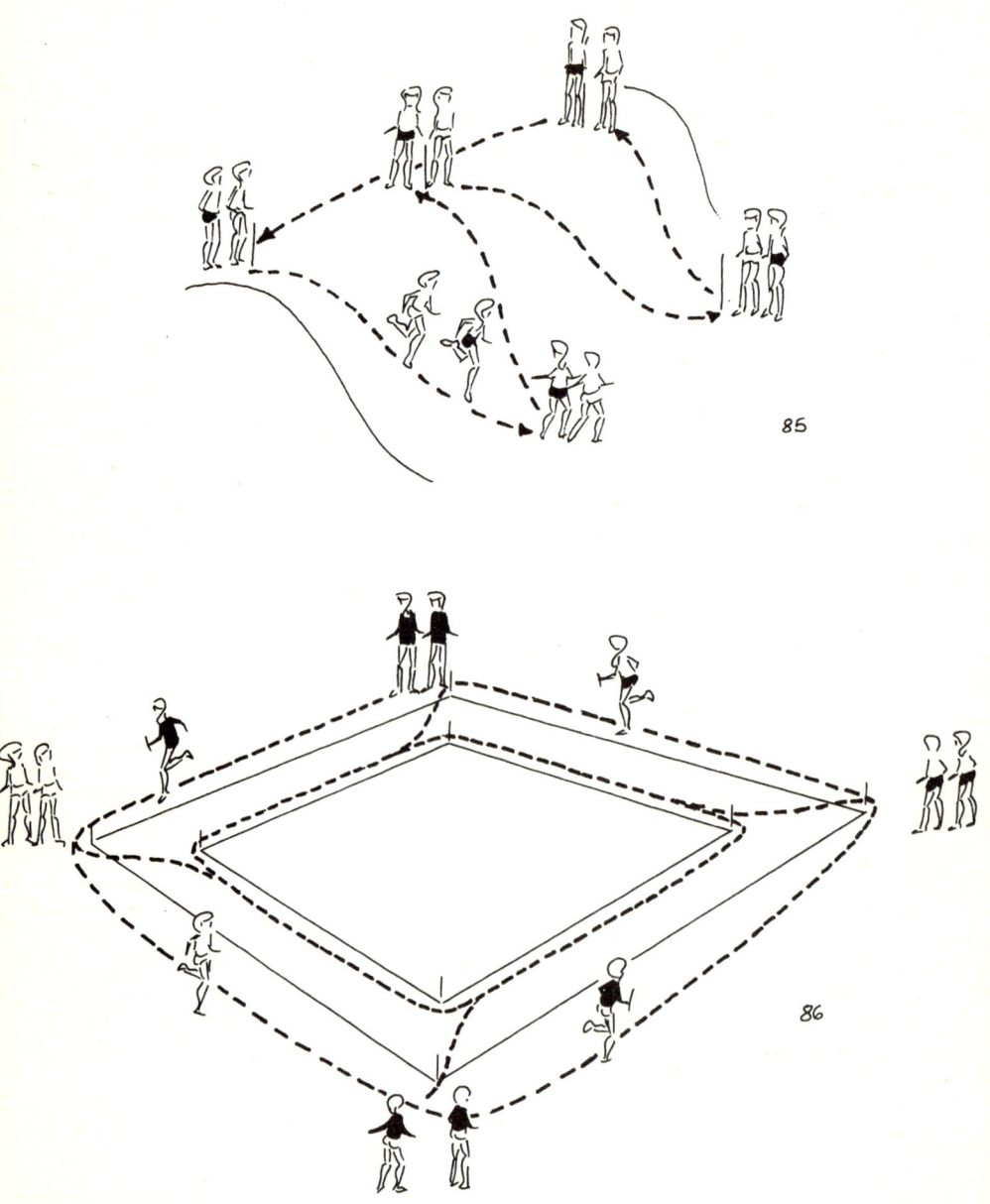

85

86

85 Zick - Zack - Staffel: Bergauf - bergab

An einem Erdwall wird eine Zick-Zack-Laufstrecke so abgesteckt, daß die Markierungen im Wechsel oben und unten liegen. Die Läufer der Mannschaften sind an den Ecken verteilt. Jeder legt jeweils eine Teilstrecke zurück. Der
letzte läuft wieder nach vorne.

Variation: Der letzte läuft wieder zurück.

86 Große Runde - kleine Runde

Die Mannschaften besetzen die Ecken eines großen Vierecks,
in dessen Innerem noch ein kleines Viereck abgesteckt ist.
Gelaufen werden große und kleine Runden im Wechsel. Die
Mannschaften bestimmen selbst, wer die große und wer die
kleine Runde läuft.

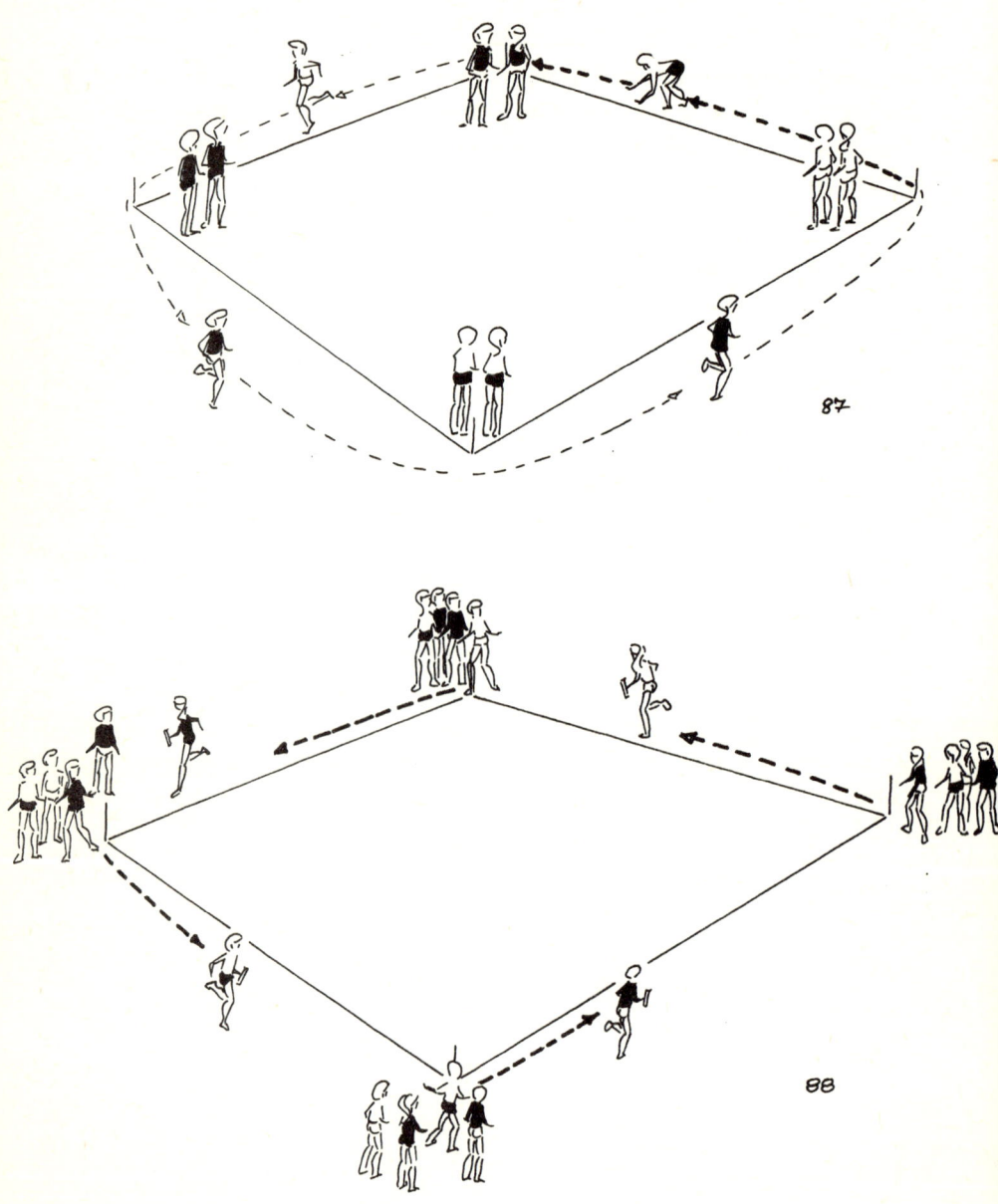

87

88

87 Rundenstaffel mit Zusatzaufgabe

Die Mannschaften besetzen die verschiedenen Ecken eines
Vierecks. Jeder Läufer legt jeweils eine Runde zurück. An
einer vorher festgelegten Seite muß eine Zusatzaufgabe erfüllt werden (z.B. auf allen Vieren, Krebsgang usw.)

88 Rundenstaffel

Die Laufrunde wird mit einer Ecke weniger abgesteckt als
die kleinste Mannschaft Läufer hat. Die Läufer jeder Mannschaft werden so an den Markierungen verteilt, daß am Start
mindestens zwei stehen. Jede Mannschaft startet an einer
anderen Ecke. Die Anzahl der Runden wird vorher festgelegt.

> Variation: Ein Durchgang ist dann zuende, wenn es einer
> Mannschaft gelingt, eine andere einzuholen.
> Beim nächsten Durchgang wird die Reihenfol-
> ge geändert.

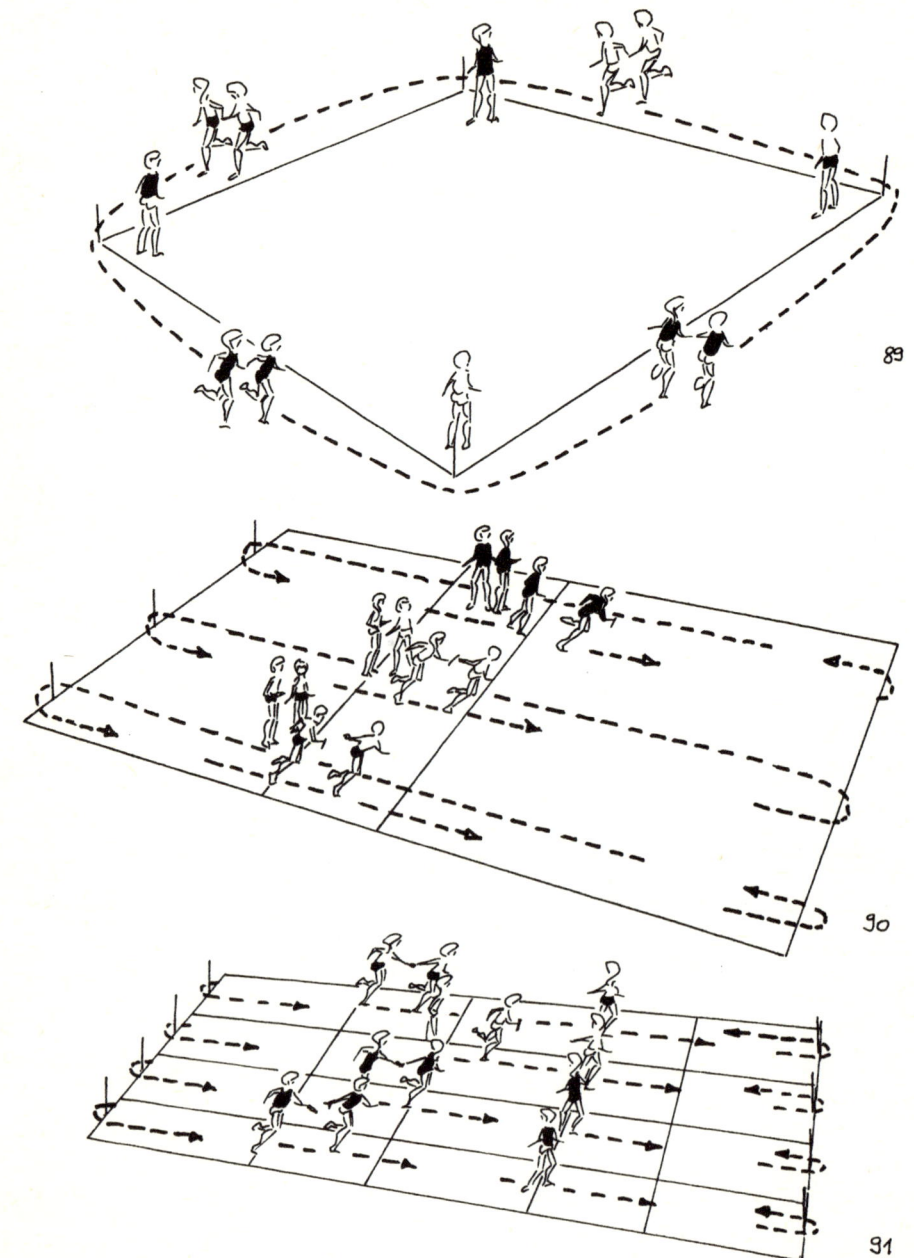

89

9o

91

89 Es laufen immer zwei

Jede Mannschaft besteht aus drei Läufern, von denen immer
zwei mit Handfassung laufen. Die zurückzulegende Runden-
zahl wird vorher festgelegt.

90 Umlaufstaffel mit fliegendem Stabwechsel

Für jede Mannschaft ist eine feste Umlaufstrecke abgesteckt. Die Stabübergabe erfolgt jeweils in einem Wechselraum in der Mitte zwischen den beiden Umlaufpunkten.

91 Umlaufstaffel mit zweimaligem fliegenden Wechsel

Für jede Mannschaft ist eine feste Umlaufstrecke mit zwei
Wechselräumen abgesteckt. In diesen wird der Stab jeweils
an den nächsten Läufer übergeben.

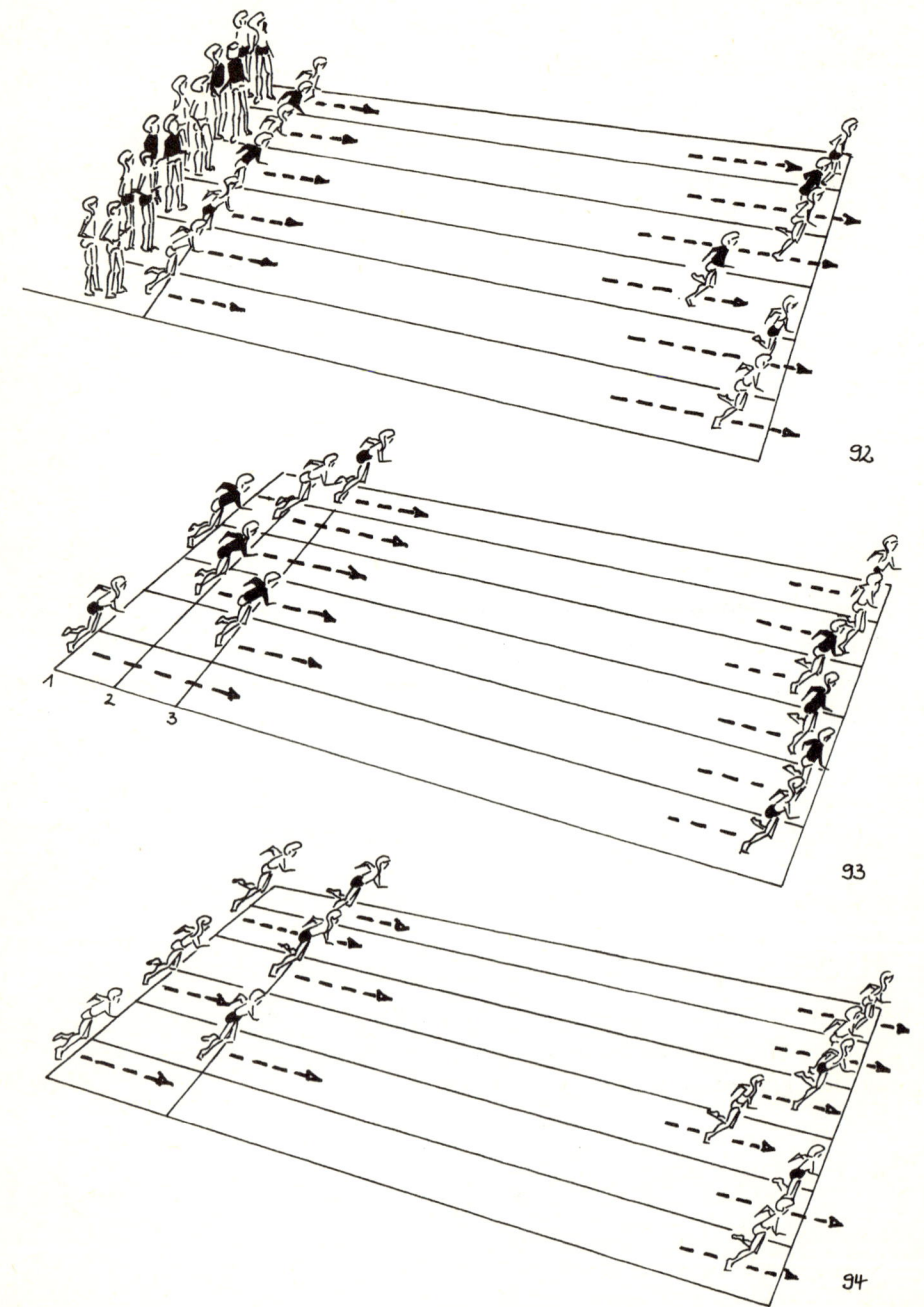

92

1 2 3

93

94

92 Riegenstartwettkampf

Jede Mannschaft besetzt eine Bahn. Bei jedem Durchgang
tritt einer ihrer Läufer an. Gelaufen wird aus unterschiedlichen Startstellungen (Hochstart, Tiefstart, Bauch-
lage usw.) und über unterschiedlich lange Distanzen. Die
Wertung erfolgt nach der Reihenfolge des Einlaufs.

93 Riegenstartwettkampf mit Vorgabe

Jede Mannschaft besetzt eine Bahn mit drei verschiedenen
Startlinien. Jede Startlinie muß gleich oft benutzt werden.
Bei welchem Durchgang die erste, zweite oder dritte Start-
linie gewählt wird, entscheiden die Mannschaften selbst.
Die Wertung erfolgt nach der Reihenfolge des Einlaufs.

94 Vorgabe - Sprint

Zwei Startlinien liegen etwa 2 bis 3m auseinander. Beim ersten Durchgang startet Mannschaft 1 vorne und Mannschaft 2
hinten, beim zweiten Durchgang werden die Rollen getauscht.
Für jedes Überholen gibt es einen Punkt für die Mannschaft.
Die Streckenlänge kann je nach Absicht und Leistungsfähigkeit variiert werden.

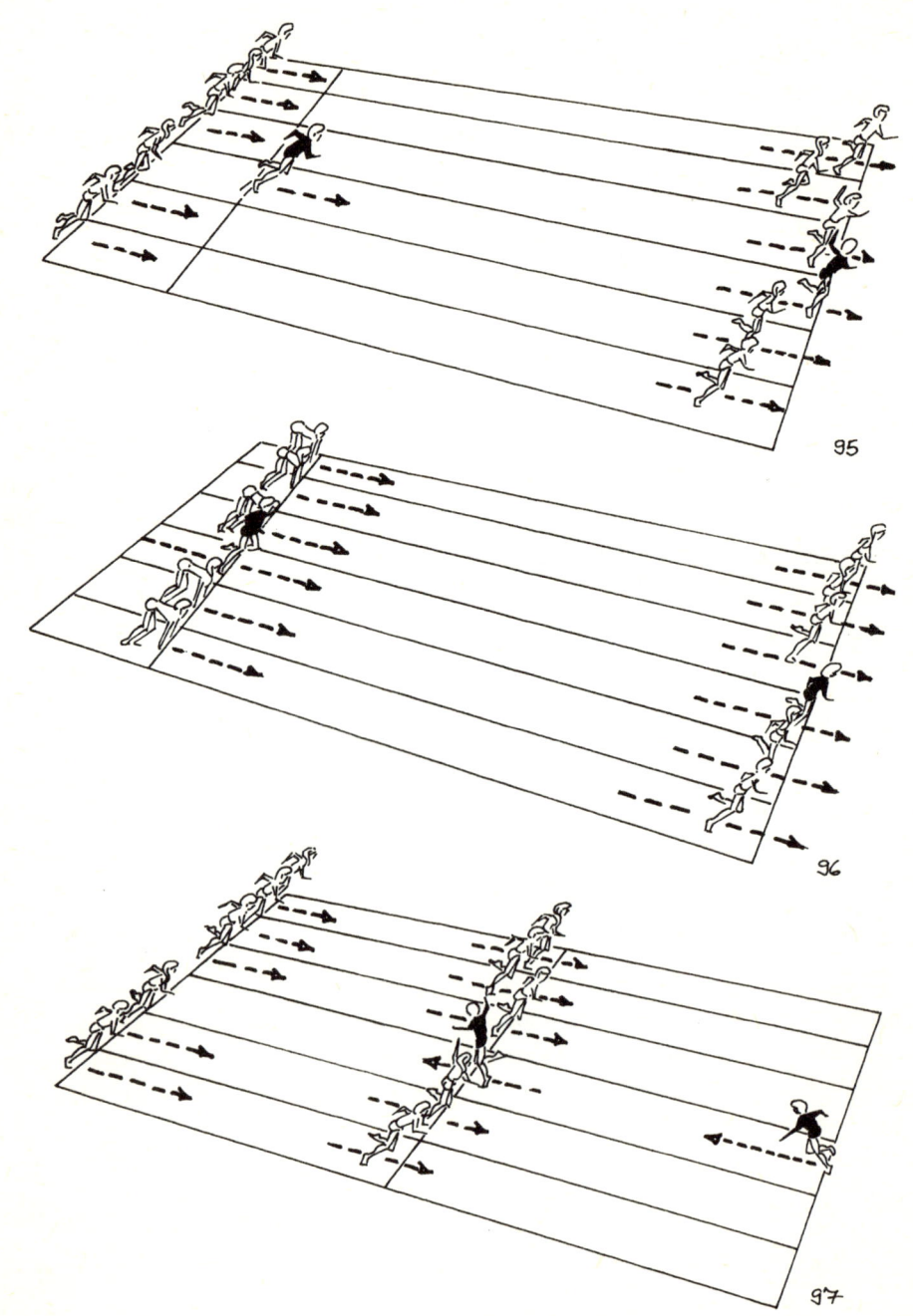

95

96

97

95   Den "Hasen" fangen

Auf der vorderen Startlinie startet ein "Hase", auf der
hinteren die "Meute". Wer den "Hasen" überholt, bekommt
einen Punkt.

> Variation: Eine Mannschaft stellt nacheinander die "Ha-
>   sen", die anderen treten dagegen an. Dann
>   werden die Rollen getauscht.

96   "Fliegender Hase"

Ein einzelner Läufer, der "Hase", beginnt seinen Lauf hinter der Startlinie beim Kommando "Fertig". Wenn er die
Startlinie überläuft, ist das Kommando "Los" der Start für
alle anderen. Wer den "Hasen" überholt, bekommt einen
Punkt.

97   Einer gegen eine ganze Mannschaft

Die Ziellinie befindet sich zwischen zwei Startlinien. Ein
einzelner Läufer startet von der einen, eine ganze Mannschaft von der anderen Seite. Wer vor dem Einzelläufer das
Ziel erreicht, bekommt einen Punkt.

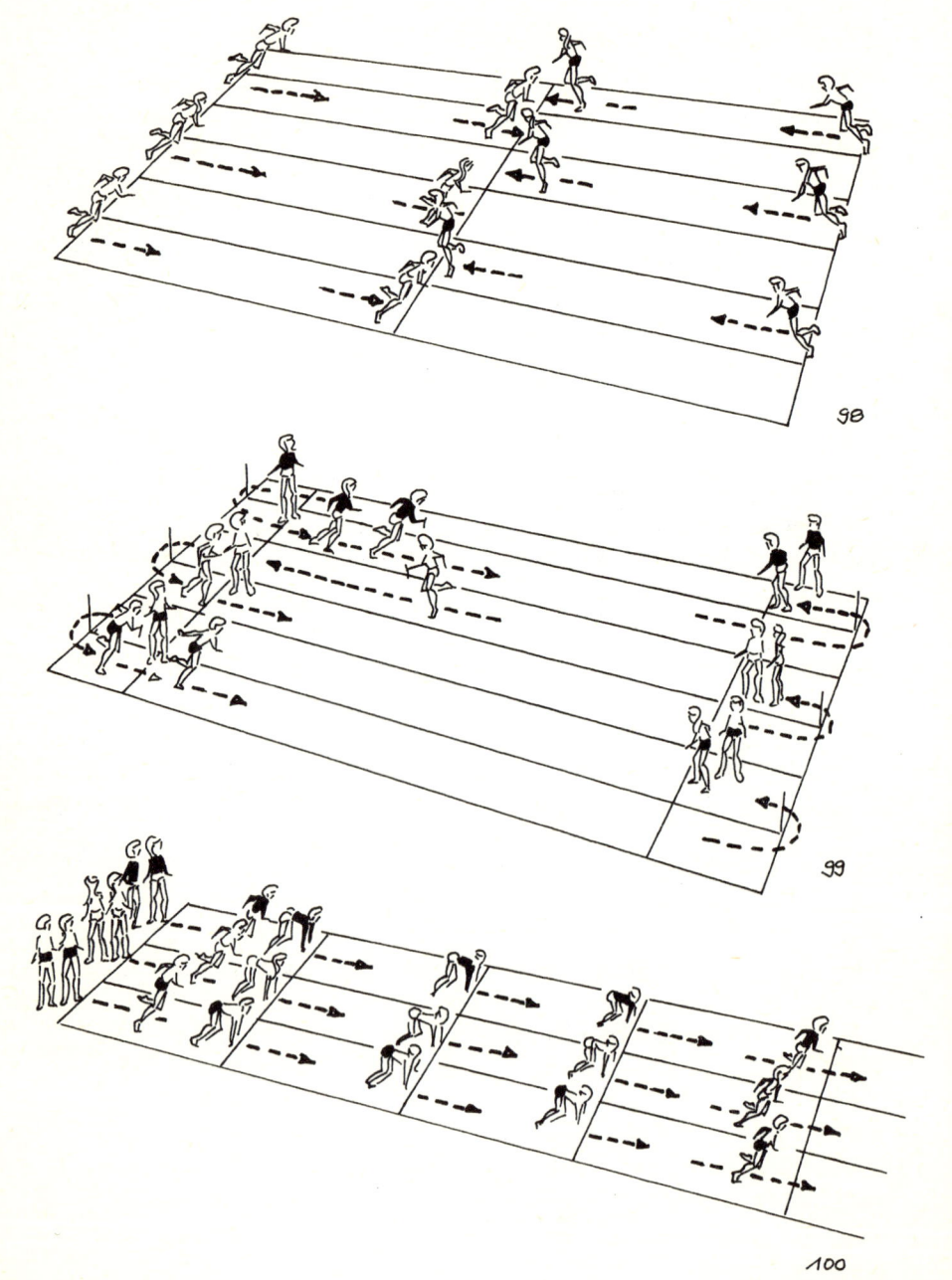

98

99

100

- 83 -

98 Startwettkampf zur Mittellinie

Die Ziellinie befindet sich zwischen zwei Startlinien.
Eine Mannschaft startet auf festgelegten Bahnen von der
einen, die andere auf versetzten Bahnen von der anderen
Seite.

> Variation: Jeder Läufer hat seinen direkten Gegner.
> Wer zuerst die Mittellinie erreicht, erhält
> einen Punkt für seine Mannschaft. Die Paa-
> rungen werden durchgetauscht.

99 Wendestaffel

Jede Mannschaft besetzt zwei Bahnen, eine für den Hinweg
und eine für den Rückweg. Das Staffelholz wird erst nach
Umlaufen der Wendemarke übergeben. Die Anzahl der Runden
wird vorher festgelegt.

100 Reihenstaffel

Jede Mannschaft besetzt eine Bahn. Diese ist in eine Reihe
von Abschnitten unterteilt (gleichmäßig oder ungleichmä-
ßig), an deren Beginn je ein Läufer in Startposition kau-
ert. Nach erfolgtem Start ist die Berührung durch den her-
anspurtenden Läufer jeweils der Start für den nächsten.
Gewonnen hat den jeweiligen Durchgang die Mannschaft, deren Schlußläufer als erster über die Ziellinie läuft. Jeder Läufer nimmt am Ende des jeweils erreichten Strecken-
abschnitts wieder neu die Startposition zum nächsten
Durchgang ein.

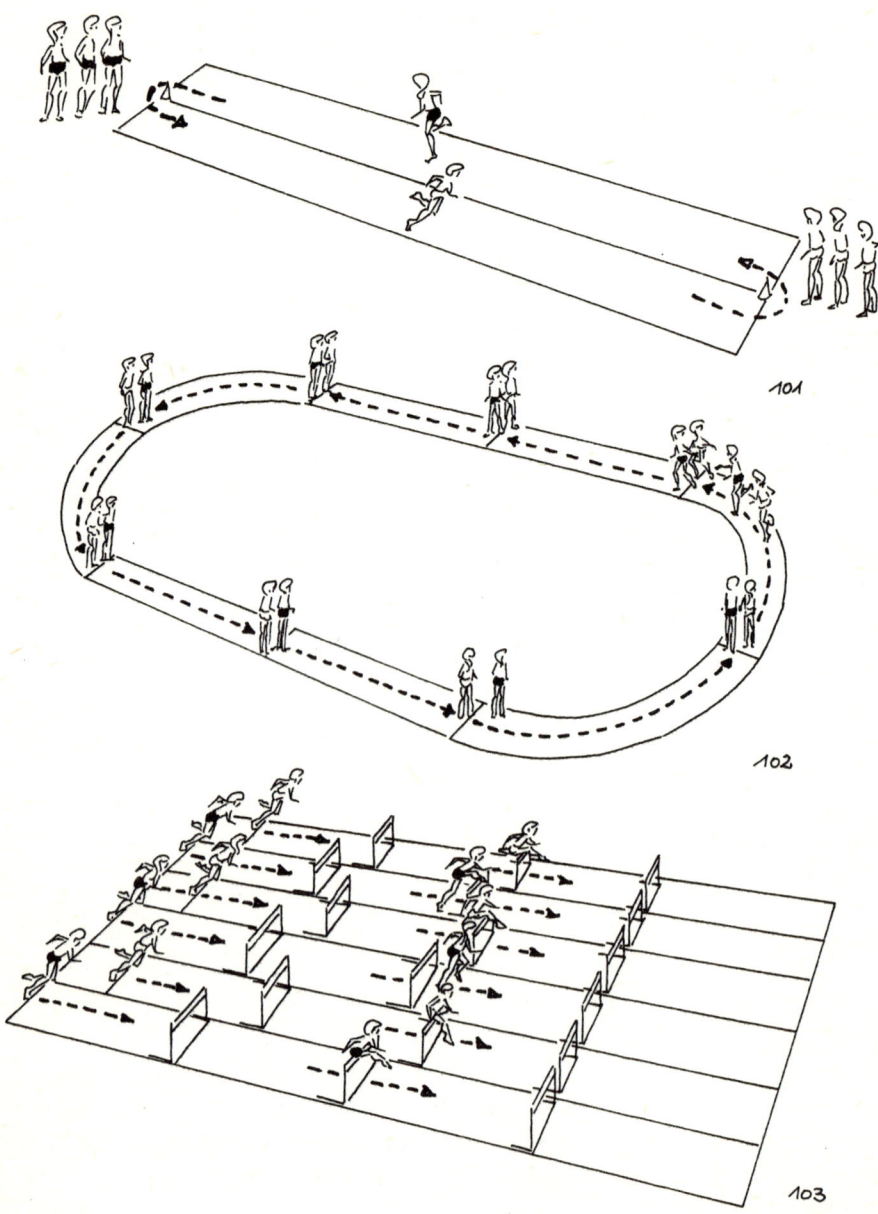

101

102

103

101 Bahn - Verfolgungsrennen

Zwei Gruppen starten an verschiedenen Enden eines Bahnkreises. Das Verfolgungsrennen ist beendet, wenn es einer Mannschaft gelingt, die andere einzuholen. Beim nächsten Durchgang werden die Mannschaften getauscht.

102 Weltrekord laufen

In Form einer Endlosstaffel läuft jeder 50m, d.h. zu einer Mannschaft gehören 9 Läufer. Ziel ist es, den bestehenden Weltrekord (Deutschen Rekord, Europarekord) über eine bestimmte Strecke (z.B. 1000m, 3000m) zu unterbieten.

103 Differenzierter Hürdensprint

(Voraussetzung: Grobform des Hürdenlaufs - das gilt für alle Hürdenlauf-Spiele)
Der Leistungsfähigkeit der Läufer entsprechend werden unterschiedliche Hürdenstrecken so eingerichtet, daß jeder Läufer seine Strecke im Dreischrittrhythmus überlaufen kann. Die letzten Hürden stehen alle auf gleicher Höhe, und die Ziellinie ist für alle gleich.

   Variation: Die Gruppe der Leistungsschwächeren tritt
              gegen die Gruppe der Leistungsstarken an.

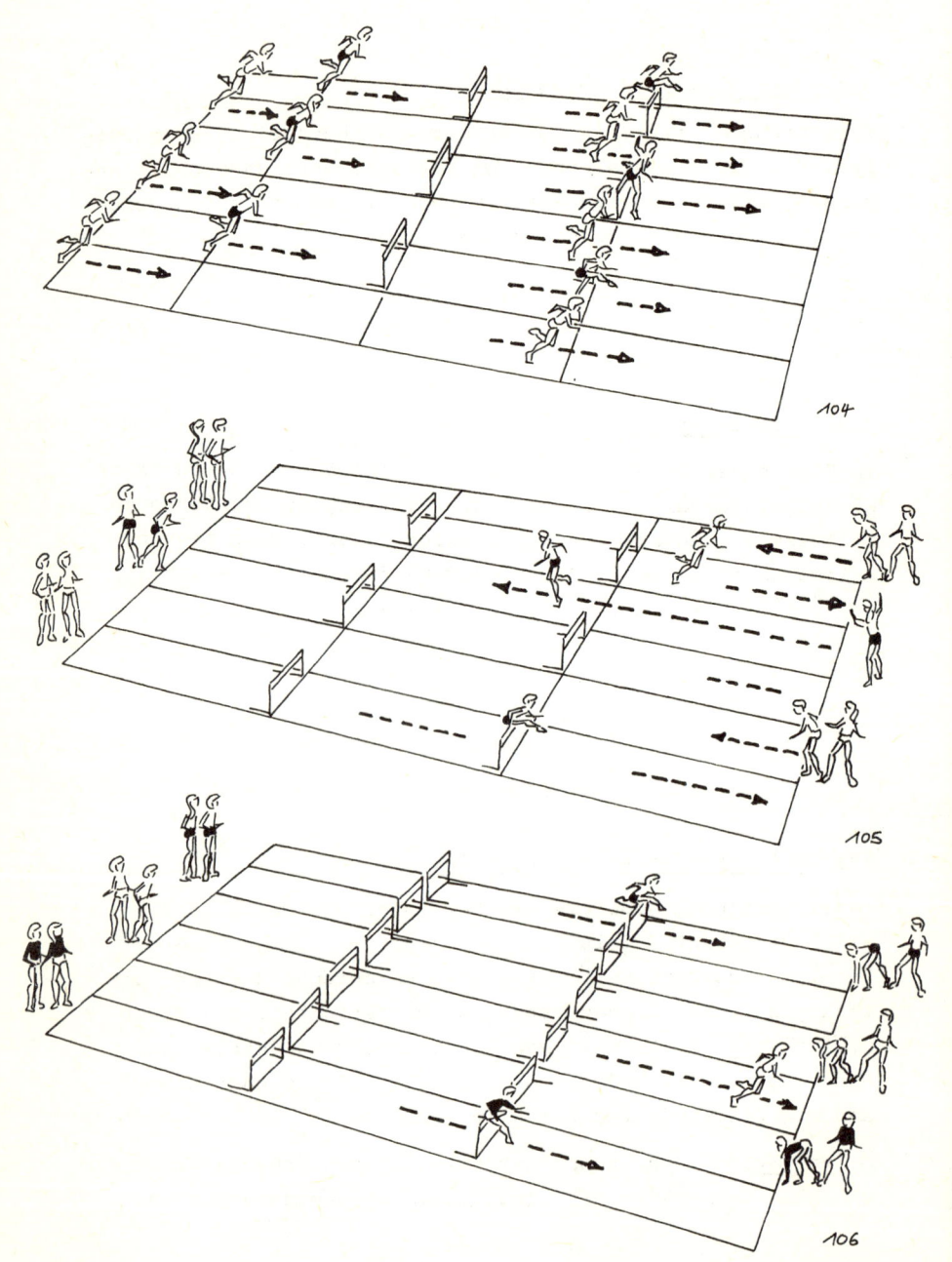

104

105

106

104   Flach gegen Hürde

Es laufen jeweils zwei Gruppen gegeneinander, die eine
läuft flach, die andere über die Hürden. Die Hürdenläufer
erhalten eine angemessene Vorgabe. Beim nächsten Durchgang
werden die Rollen getauscht.

> Variation: Es laufen jeweils Paare gegeneinander. Die
> Vorgaben können unterschiedlich eingerichtet
> werden.

105   Pendelstaffel: Hürden und flach im Wechsel

Jede Mannschaft besetzt zwei Bahnen, von denen die eine
mit Hürden versehen ist. Durch die Organisationsform der
Pendelstaffel folgt für jeden Läufer nach einer Hürdenbahn
ein flacher Sprint. Die Anzahl der Läufe wird vorher festgelegt.

106   Hürden - Pendelstaffel

Jede Mannschaft besetzt zwei Bahnen, die jeweils hin und
her durchlaufen werden. Die Anzahl der Läufe wird vorher
festgelegt.

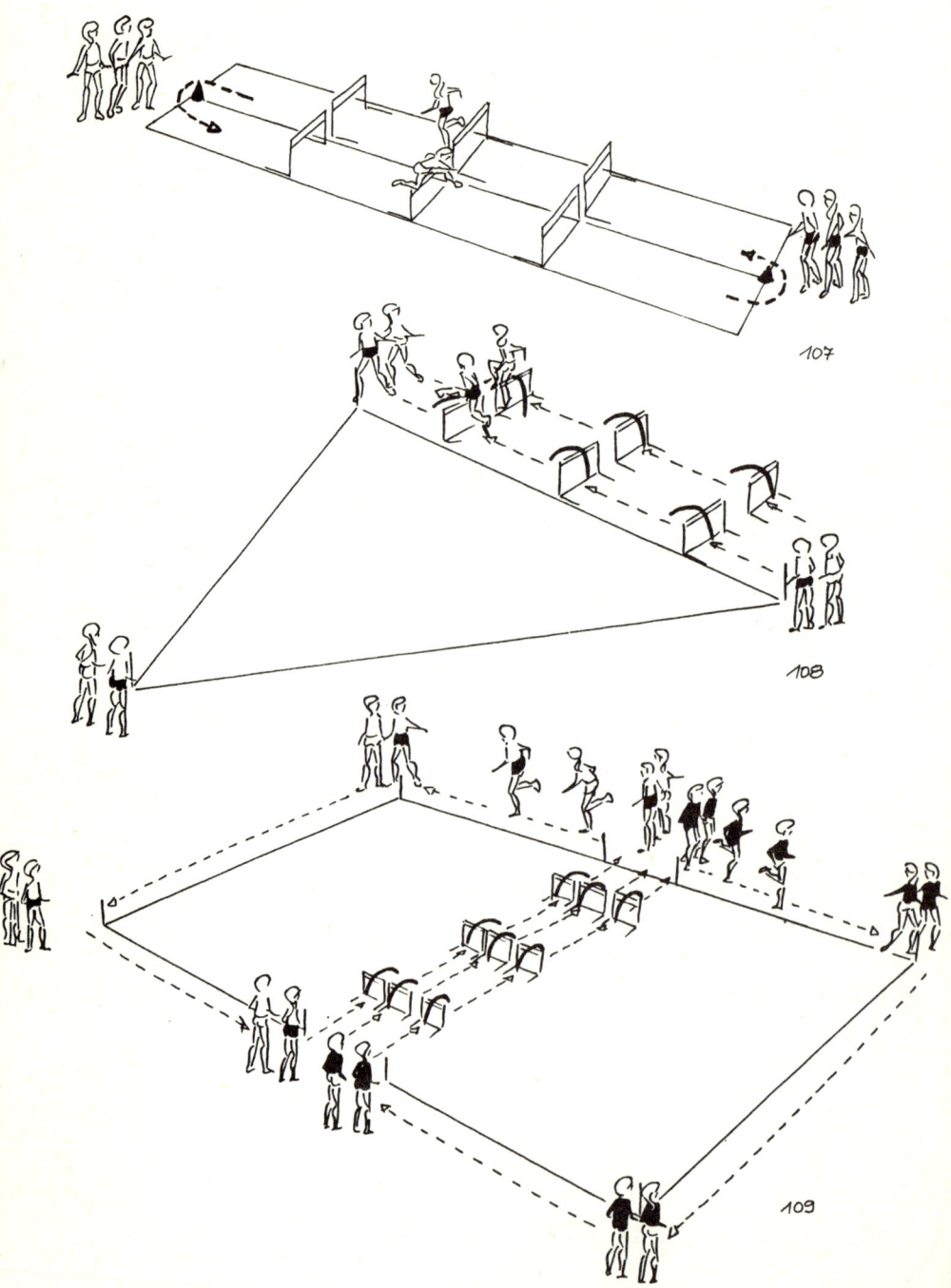

107

108

109

107 Hürden - Verfolgungsrennen

Zwei Gruppen starten an verschiedenen Enden eines Hürden-
kreises. Das Verfolgungsrennen ist beendet, wenn beide
Läufer im gleichen Abschnitt zwischen den Hürden sind
(aus Sicherheitsgründen!)

   Variation: Turnierform

108 Dreieckskurs mit Hürdenbahn

Hürdenbahnen, an denen vorher geübt wurde, werden durch
Einstellen einer Markierung (Hütchen, Stange) zu einem
Dreieckskurs erweitert. Die Läufer jeder Mannschaft besetzen die Ecken des Dreiecks. Der Dreieckskurs besteht aus
zwei Sprintstrecken und einer Hürdenstrecke.

109 Doppelte Rundenstaffel mit einer Hürdenstrecke

Hürdenbahnen, an denen geübt worden ist, werden zu einem
doppelten Viereck erweitert. Um jedes dieser Vierecke findet ein Wettbewerb statt. Die Läufer jeder Mannschaft besetzen die Ecken ihres Vierecks. Der Rundkurs besteht aus
drei Sprintstrecken und einer Hürdenstrecke. Nach Ablauf
eines Durchganges werden die Mannschaften getauscht.

110

111

112

110 Doppelte Dreiecksstaffel mit Hürdenbahn

Hürdenbahnen, an denen vorher geübt worden ist, werden
durch Einstellen von zwei Markierungen (Hütchen, Stangen)
zu einem doppelten Dreieckskurs erweitert. Um jedes dieser
Dreiecke findet ein Wettbewerb statt. Die Läufer jeder
Mannschaft besetzen die Ecken ihres Dreiecks. Ein Dreieckskurs besteht aus zwei Sprintstrecken und einer Hürdenstrecke. Die Hürden können je nach Leistungsfähigkeit mit
unterschiedlichen Abständen angeboten werden.

111 Rundenstaffel mit zwei Hürdenbahnen

Die Läufer jeder Mannschaft sind an den Ecken eines Vierecks verteilt, das aus zwei Sprint- und zwei Hürdenbahnen
besteht. Die Abstände zwischen den Hürden können je nach
Leistungsfähigkeit differenziert eingerichtet werden.

112 Hürden - Pendelstaffel

Matten-Hürden können von beiden Seiten überlaufen werden,
so daß bei diesem Aufbau eine Pendelstaffel an jeder Hürdenbahn möglich ist. Die Abstände zwischen den Hürden können (bei gleicher Gesamtstrecke) unterschiedlich eingerichtet werden.

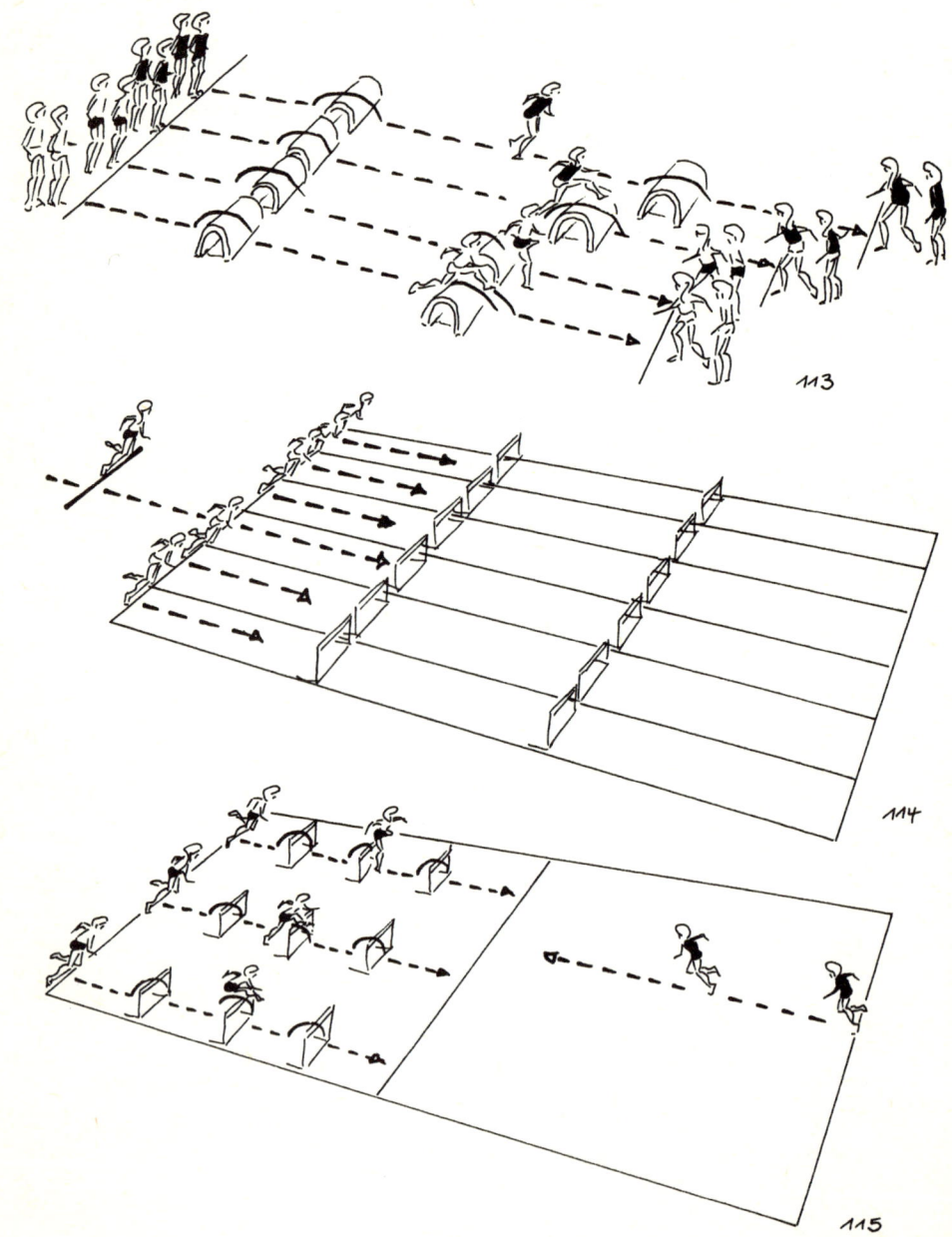

113

114

115

113 Differenzierte Hürden - Pendelstaffel

Bei der Einführung des Hürdenlaufs ergeben sich unterschiedliche Abstände zwischen den Hürden; die schnelleren
Gruppen haben weitere, die langsamen enge Abstände. Die
Bahnen der Pendelstaffel werden deshalb so eingerichtet,
daß nur der Anlauf zur ersten Hürde bei allen Bahnen
gleich lang ist. Zwischen den Hürden bleiben die unterschiedlichen Abstände erhalten.

114 Hürdenrennen: Fliegend gegen Start

Ein einzelner Läufer beginnt seinen Lauf mit einem Steigerungslauf beim Kommando "Fertig". Wenn er eine festgelegte Linie erreicht, ist das Kommando "Los" der Start für
alle anderen.

115 Flach gegen Hürde aufeinander zu

Die Ziellinie befindet sich zwischen den Startlinien. Ein
einzelner Läufer startet von der einen, eine ganze Mannschaft über mehrere Hürden von der anderen Seite. Die
Sprintstrecke des Einzelläufers ist einige Meter länger
als die Hürdenstrecke. Die Hürdenabstände können unterschiedlich eingerichtet werden.

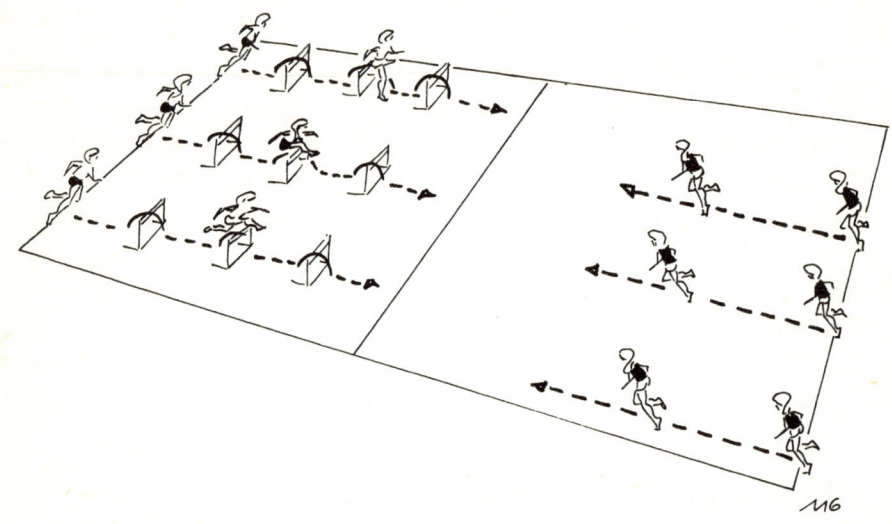

116

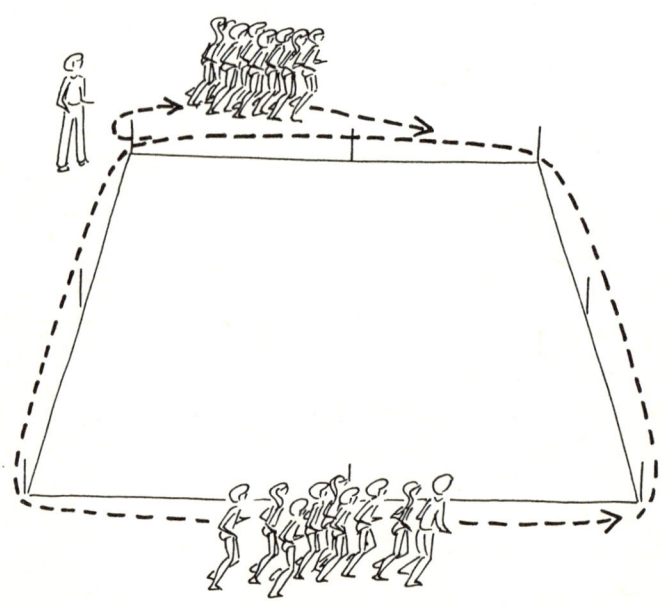

117

116 Flach gegen Hürde

Je zwei Läufer starten gegeneinander. Der eine hat eine
Sprintstrecke, der andere eine Hürdenbahn zurückzulegen.
Die Ziellinie ist so zwischen den beiden Startlinien eingerichtet, daß die Sprintstrecke um einige Meter länger
ist. Beim nächsten Durchgang werden die Rollen getauscht.

117 Umkehrlauf

Die Gruppe trabt um ein mit gleichmäßig verteilten Markierungen abgestecktes Viereck. Der Lehrer/Übungsleiter macht
das Tempo. Nach bestimmter Zeit (1, 2, 3 usw. Minuten)
scheidet der "Tempomacher" aus; die Gruppe dreht um und
versucht, den Rückweg im gleichen Tempo, d.h. in derselben
Zeit zu durchlaufen. Zur Orientierung werden auf dem Hin-
und auf dem Rückweg die zurückgelegten Markierungen mit-
gezählt. Wer hat das beste Tempogefühl?

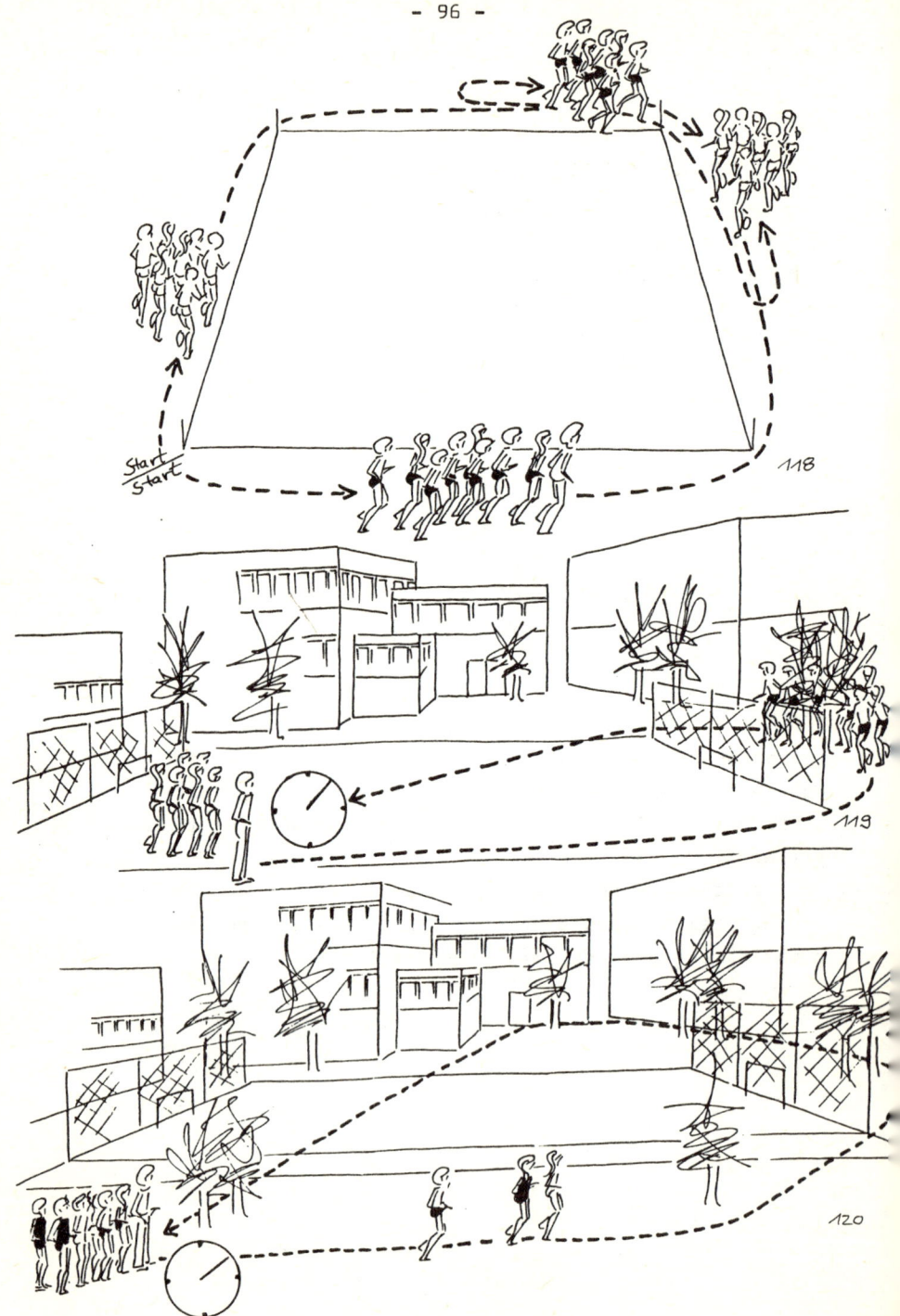

118

Start

119

120

118 Umkehrlauf gegeneinander

Zwei Gruppen starten zu Beginn des Laufes in verschiedene
Richtungen um ein Viereck. Nach einer bestimmten Zeit gibt
der Lehrer/Übungsleiter das Signal zum Umdrehen. Die Gruppen versuchen, den Rückweg in derselben Zeit zu durchlaufen. Welche Gruppe hat das bessere Tempogefühl?

119 Zeitschätzlauf

Die Läufer schätzen ihre Zeit, die sie meinen, für eine bestimmte Laufstrecke (Umlaufen eines Baumes, Tores usw.)
zu benötigen. Die tatsächlich gelaufene Zeit wird dann mit
der Schätzzeit verglichen.

120 Zeitschätz - Staffellauf

Eine festgelegte Laufstrecke soll mehrmals in Staffelform
(zwei, drei Läufer pro Mannschaft) durchlaufen werden. Die
Mannschaften schätzen die Gesamtzeit, die sie meinen, für
den Lauf zu benötigen. Die tatsächlich benötigte Zeit wird
zum Schluß mit der Schätzzeit verglichen.

121

122

123

121 Zeittrefflauf

Die Läufer haben sich am Laufviereck dadurch an ein festes
Tempo gewöhnt, daß Signale (Pfiff) immer dann gegeben werden, wenn sie die Ecken des Vierecks erreicht haben müssen (vgl. MEDLER 1985). Beim Zeittrefflauf besteht die
Aufgabe darin, dieses Tempo zwei, drei oder mehr Runden
zu halten. Zu Beginn wird zwei-, dreimal ein Kontrollsig-
nal gegeben. Den Rest der Strecke legen die Gruppen dann
ohne Kontrollsignale zurück. Welche Gruppe hat das bessere
Tempogefühl?

122 Zeittrefflauf gegeneinander

Wie bei 120 werden die Läufer an ein bestimmtes Trabtempo
gewöhnt. Zwei Gruppen treten dann gegeneinander an. Die
eine läuft links, die andere rechts herum um das Viereck.
Zu Beginn werden zwei, drei Kontrollsignale gegeben. Den
Rest der Strecke legen die Gruppen nach eigenem Tempogefühl zurück.

123 Zeitrefflauf - es laufen immer zwei

Jede Mannschaft besteht aus drei Läufern, von denen immer
zwei laufen. Die Aufgabe besteht darin, ein vorgegebenes
Tempo über mehrere Runden zu halten.

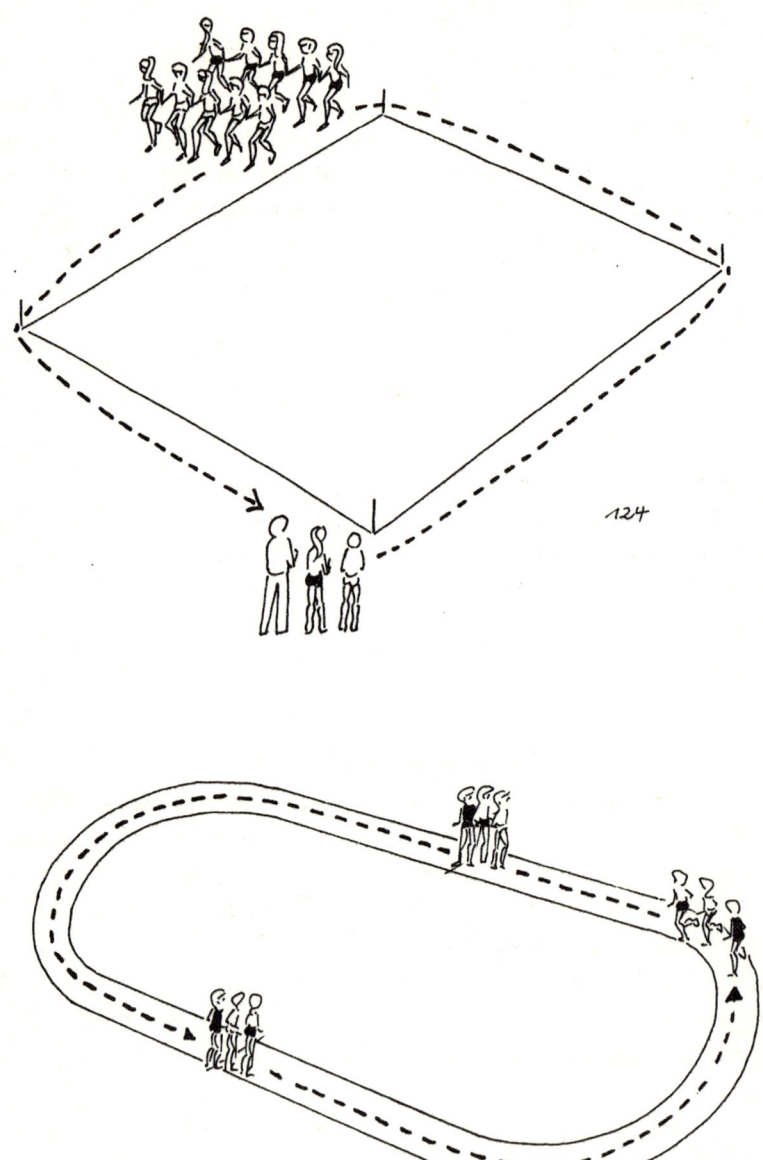

124

125

124 Wachsen und Schrumpfen als Zeittrefflauf

Die erste Runde läuft einer, dann zwei usw. bis zur vollen
Mannschaftsstärke (vgl. 68, 69). Dann nimmt die Anzahl der
Läufer von Runde zu Runde wieder ab. Gelaufen wird in einem vorher festgelegten Tempo. Die Aufgabe besteht darin,
das Tempo möglichst genau einzuhalten.

125 Tempo halten auf der Rundbahn

Die Aufgabe besteht darin, ein vorher festgelegtes Tempo
(z.B. am Laufviereck) auf der Rundbahn einzuhalten. Jede
Mannschaft besteht aus drei Läufern, und jeder läuft immer eine halbe Runde. Die Anzahl der Runden wird vorher
festgelegt.

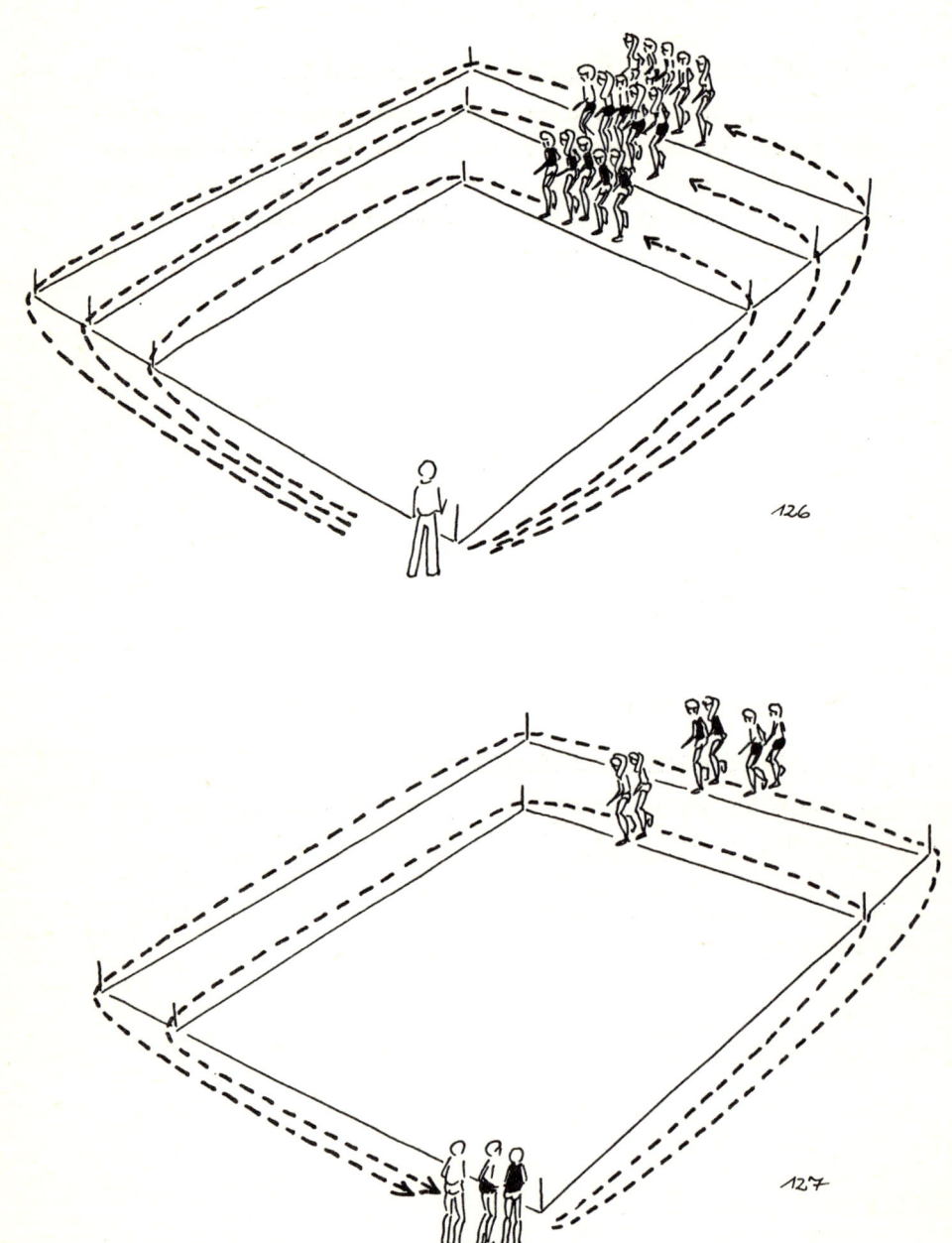

126

127

126 Differenzierter Zeittrefflauf

Je nach Leistungsfähigkeit der Läufer werden an verschieden großen Laufvierecken verschiedene Trabgeschwindigkei-
ten festgelegt (vgl. 120). Jede Gruppe legt dann mehrere
Runden um ihr Viereck zurück. Welche Gruppe hat das bessere Tempogefühl?

127 Differenzierter Zeittreff - Staffellauf

Je drei Läufer bilden eine Mannschaft. Um die verschiedenen Laufvierecke (vgl. 125) sind von jeder Mannschaft immer zwei Läufer gleichzeitig unterwegs. Die Aufgabe besteht darin, das vorher an dem jeweiligen Viereck erarbei-
tete Lauftempo mehrere Runden lang zu halten.

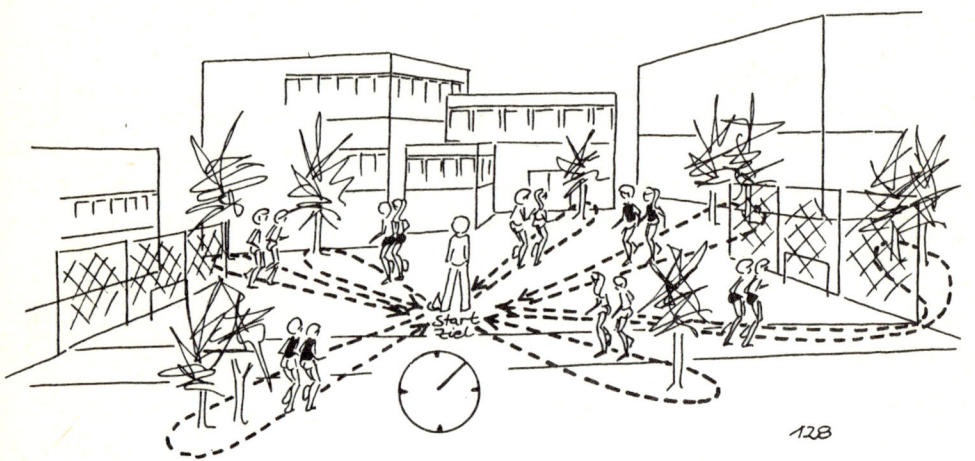

2. Sprungspiele

Springen ist in der Leichtathletik ein sehr vielseitiges
Thema. Weitsprung, Hochsprung, Dreisprung und Stabhoch-
sprung sind schon die im Wettkampfprogramm aufgehobenen
Formen. Dazu kommen eine Reihe von Übungs- und Trainings-
formen, deren Aufgabenstellungen einen guten Grundstock
für ein variables Spiel- und Wettspielprogramm bilden.

Für die Entwicklung des Springens ist zunächst jede Sprungaufgabe recht. Interessante Spielmöglichkeiten bieten alle
Arten von rhythmischen Sprungfolgen (Mehrfachsprünge,
Rhythmussprünge) sowie einzelne schnellkräftige Sprungaus-
führungen in Verbindung mit dem schnellen Lauf (z.B. Aufsprünge). Bei letzteren kann durch geeignete Organisation
selbst in Spielen darauf hingewirkt werden, daß die funk-
tional wichtigen Phasen des Sprunges betont werden.

Wie beim Laufen bieten sich auch beim Springen viele Arten
von Staffeln an, die als Mannschaftswettbewerbe auch die
soziale Komponente betonen.

Das Springen auf Weite ist am günstigsten in Zusammenhän-

128 Sternlauf als Zeittrefflauf

Im Gelände werden mehrere sternförmig um ein Zentrum lie-
gende Umlaufpunkte festgelegt. Die Entfernungen zu den
Punkten sind bekannt und damit die Gesamtstrecke. Mit vor-
gegebenem Tempo werden die Punkte nacheinander umlaufen.
Welche Gruppe ist beim Abpfiff der Gesamtzeit dem Ziel am
nächsten?

gen aufgehoben, in denen eine bestimmte Markierung (Linie,
Sandwall in einer Grube) übersprungen werden soll. Derar-
tige Auseinandersetzungen haben auch für den leistungsschwächeren Springer ihren besonderen Reiz, während die
mit dem Bandmaß gemessene Weite die vermeintliche Leistungsschwäche so deutlich anzeigt, daß die Lust auf weiteres
Springen oft schnell vergeht.

Spielformen mit großen Aufbauten, wie sie im Gegensatz zum
Laufen und Werfen unvermeidlich sind, gehen organisch aus
dem Übungsprogramm hervor, d.h. der Aufbau, an dem mit besonderem Schwerpunkt geübt worden ist, wird abschließend
für das Spiel genutzt.

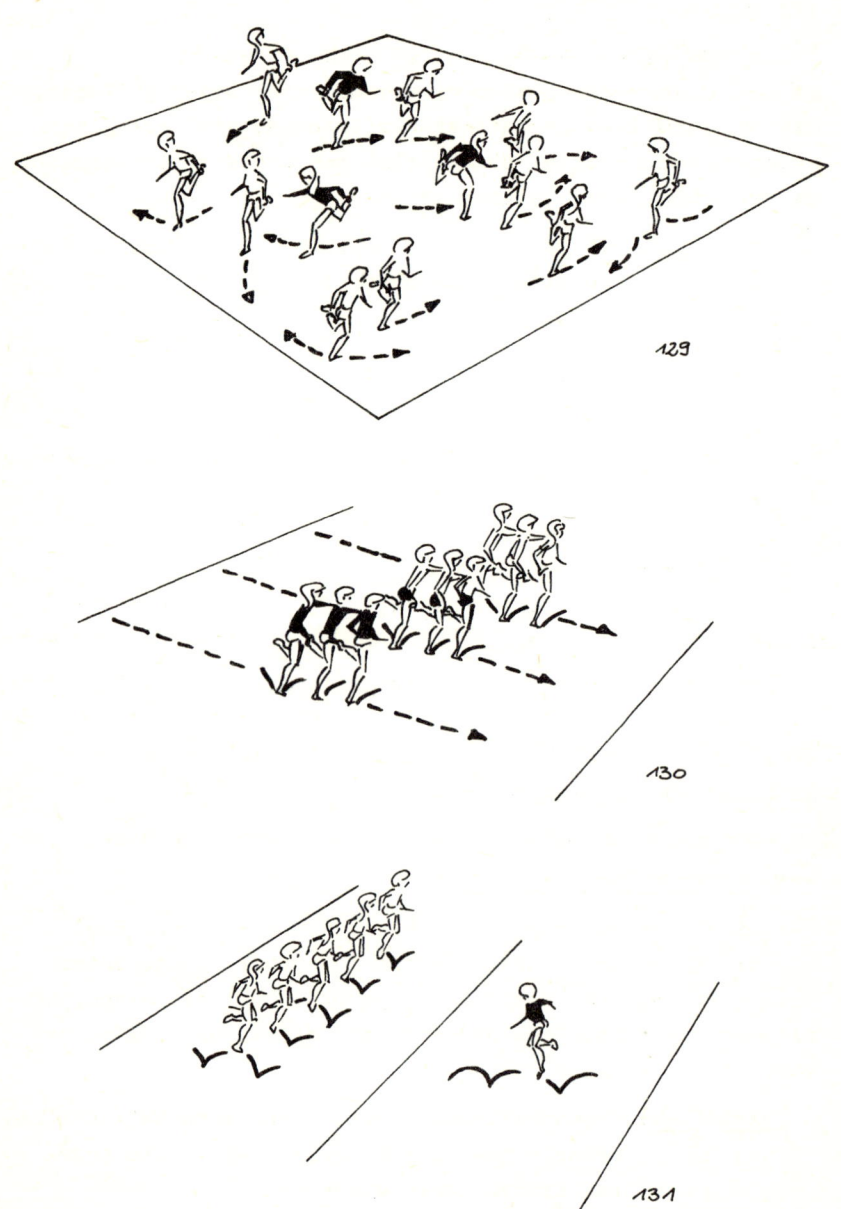

129

130

131

129 Fangen mit Hinken

Je nach Gruppengröße sind ein, zwei, drei Spieler Fänger.
Sie sind durch Mannschaftsbänder (oder Mützen) kenntlich
gemacht. Alle Spieler dürfen sich nur hinkend fortbewegen.
Wer gefangen wird, tauscht seine Rolle mit dem Fänger.

Variation: Ein Spieler ist zu Beginn Fänger. Wer gefangen wird, wird ebenfalls Fänger.

130 Hink - Dreier

Drei Springer bilden eine Einheit. Der jeweils hintere er-
greift mit einer Hand den Fuß und mit der anderen Hand die
Schulter des Vordermannes. In dieser Formation bewegen sie
sich hinkend vorwärts (Pendel- oder Wendestaffel).

131 Einer gegen eine Gruppe

Die Ziellinie befindet sich in der Mitte zwischen zwei
Startlinien. Eine Gruppe startet in vorher festgelegter
Sprungart (Hinken, Schrittsprünge usw.) von der einen, ein
einzelner Springer von der anderen Seite. Wer schafft den
einzelnen Springer?

Variation: Mannschaftswettkampf: Eine Mannschaft stellt
nacheinander die Einzelspringer. Die anderen treten gegen diese an.

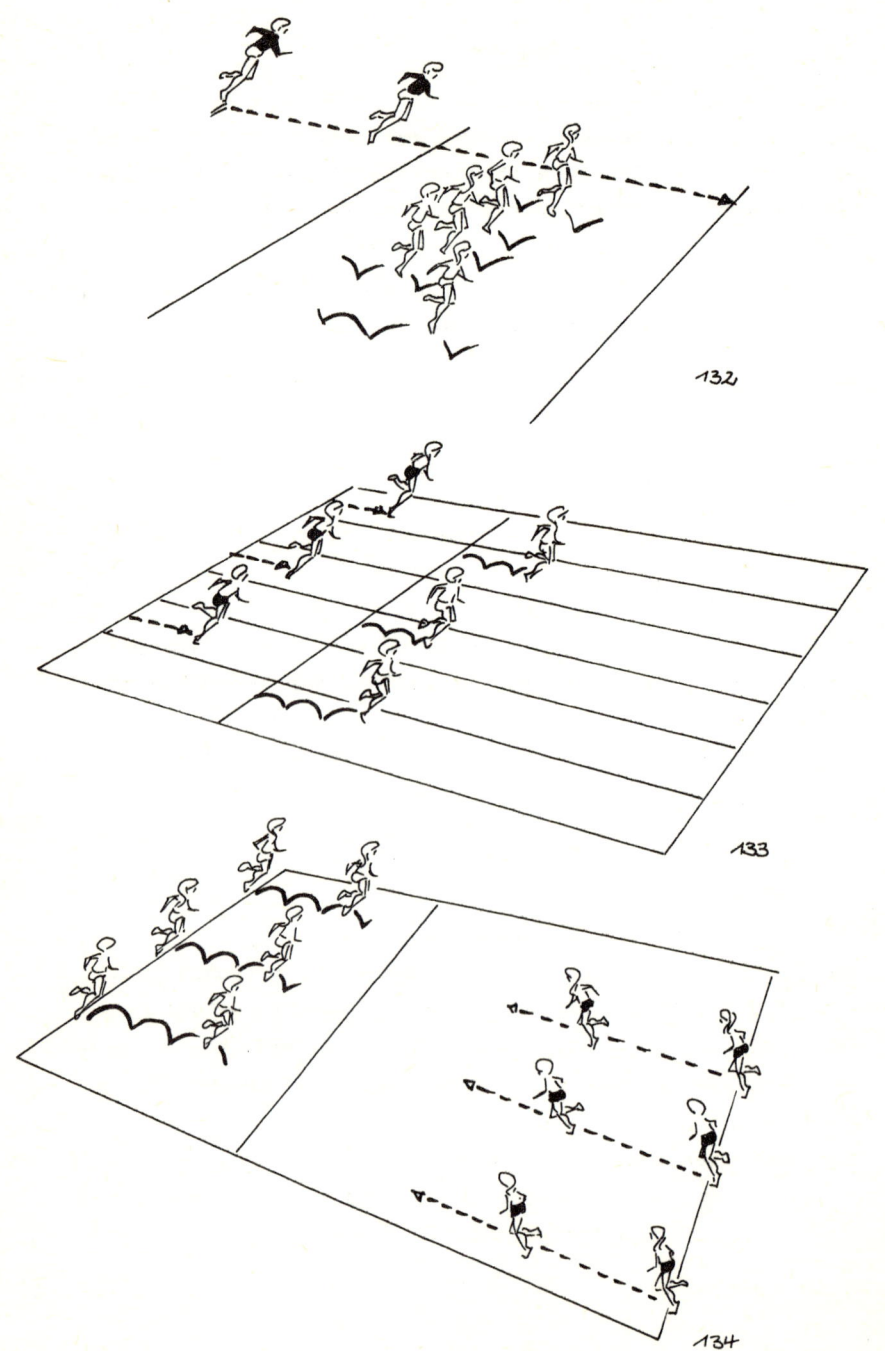

132

133

134

132 Springen gegen Sprinter

Ein einzelner Sprinter startet von einer Position hinter
der Linie, von der die Springer starten. Der Sprinter versucht, die Ziellinie vor den Springern zu erreichen, die
die Distanz mit einer vorher bestimmten Sprungart überwinden.

133 Springen gegen Sprinten

Je zwei Übende treten gegeneinander an, der eine sprintet
über eine lange, der andere springt mit vorher bestimmter
Sprungart über eine kurze Strecke. Wer die Ziellinie als
erster erreicht, erhält einen Punkt. Beim nächsten Durchgang werden die Rollen getauscht, dann die Paarungen usw.

134 Springen gegen Sprinten zur "Mittellinie"

Je zwei Übende treten gegeneinander an. Der eine hat eine
Sprintstrecke, der andere eine Springstrecke zurückzulegen.
Die Ziellinie ist so zwischen den beiden Startlinien einge-
richtet, daß der Vergleich offen gestaltet werden kann.
Beim nächsten Durchgang werden die Rollen getauscht, dann
die Paarungen usw.

135

136

137

135 Zur Mittellinie

Die Ziellinie liegt in der Mitte zwischen zwei Startlinien.
Zwei Gruppen springen mit vorher bestimmter Sprungart aufeinander zu.

   Variation: Je zwei Springer treten gegeneinander an.

136 Lebende Hindernisstaffel

Jede Mannschaft belegt eine Bahn, auf der die Abstände,
in denen die Hindernisse gebildet werden sollen, gekenn-
zeichnet sind (z.B. mit Fliesen). Der erste läuft zur ersten Markierung und nimmt dort die Bankstellung ein. Das
ist das Startsignal für den zweiten, der den ersten überspringt und die zweite Markierung mit Bankstellung belegt
usw. Wenn der letzte die Bankstellung eingenommen hat,
läuft der erste zum Start, überspringt alle anderen und
besetzt die nächste Markierung. Das Spiel wird so lange
fortgesetzt, bis die letzte Markierung mit Bankstellung
belegt ist.

137 Sprung - Pendelstaffel

Jede Mannschaft belegt eine Mattenbahn. Die Sprungart wird
für jeden Durchgang festgelegt.

138

139

140

141

138 Pendelstaffel: Sprung und Sprint

Jede Mannschaft belegt eine Mattenbahn. Ein Weg wird mit
festgelegter Sprungart, der andere im Sprint zurückgelegt.

139 Sprung - Wendestaffel

Jede Mannschaft besetzt eine Mattenbahn. Die Gräben zwischen den Matten sind durch Medizinbälle besonders kenntlich gemacht. Hin- und Rückweg erfolgt über die Mattenbahn.

140 Hindernispendel über Hürden

Jede Mannschaft belegt eine Hürdenbahn. Auf dem Hinweg werden die Hürden übersprungen, der Rückweg erfolgt im Sprint.

141 Hindernis - Pendelstaffel

Aus Matten können hohe Hindernisse hergestellt werden, die
von beiden Seiten übersprungen werden können. Die gewölb-
ten Matten werden mit Drahtbügeln an den Schlaufen oder
mit Kastenteilen zusammengehalten. Jede Mannschaft besetzt
eine Hindernisbahn.

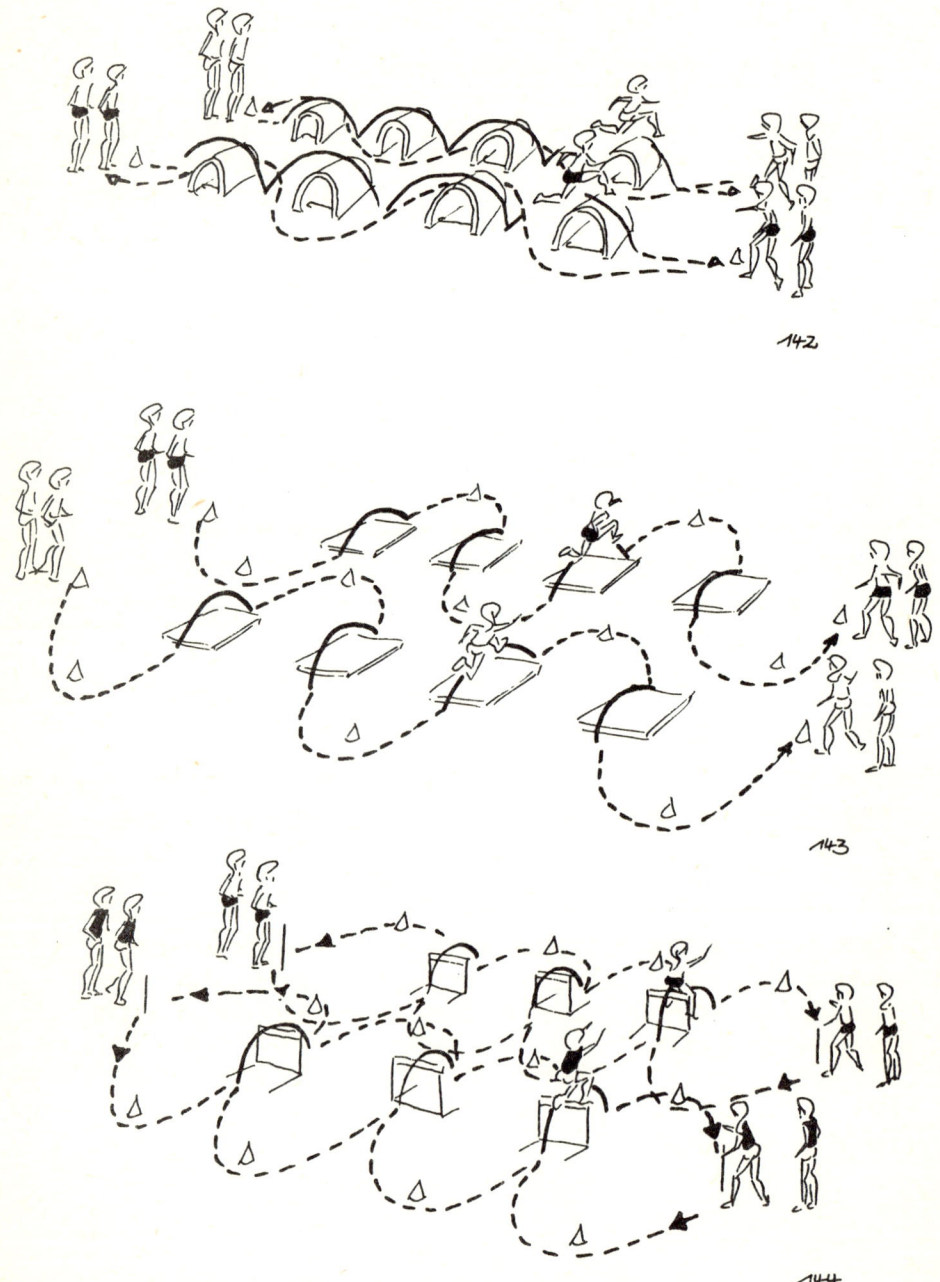

142

143

144

142 Wechsel von Sprungbahn und Slalom

In Längsrichtung gewölbte Matten (mit Drahtbügeln zusammengehalten) bieten Hindernisse für alle Sprungarten. Im
Wechsel wird von einer Seite immer eine Sprungaufgabe, von
der anderen ein Slalomlauf durchgeführt.

143 Übersprung - Staffel

Jede Mannschaft besetzt eine Mattenbahn. Der Laufweg ist
durch Hütchen so abgesteckt, daß sich eine wellenartige
Strecke ergibt. Je nach Leistungsstand werden die Matten
längs oder quer übersprungen.

144 Hürden - Übersprung - Staffel

Jede Mannschaft besetzt eine Hürdenbahn. Die Hürden sind
quer eingestellt, so daß sie wellenartig übersprungen werden müssen. Die Länge der Laufwege wird durch eingestellte
Hütchen geregelt.

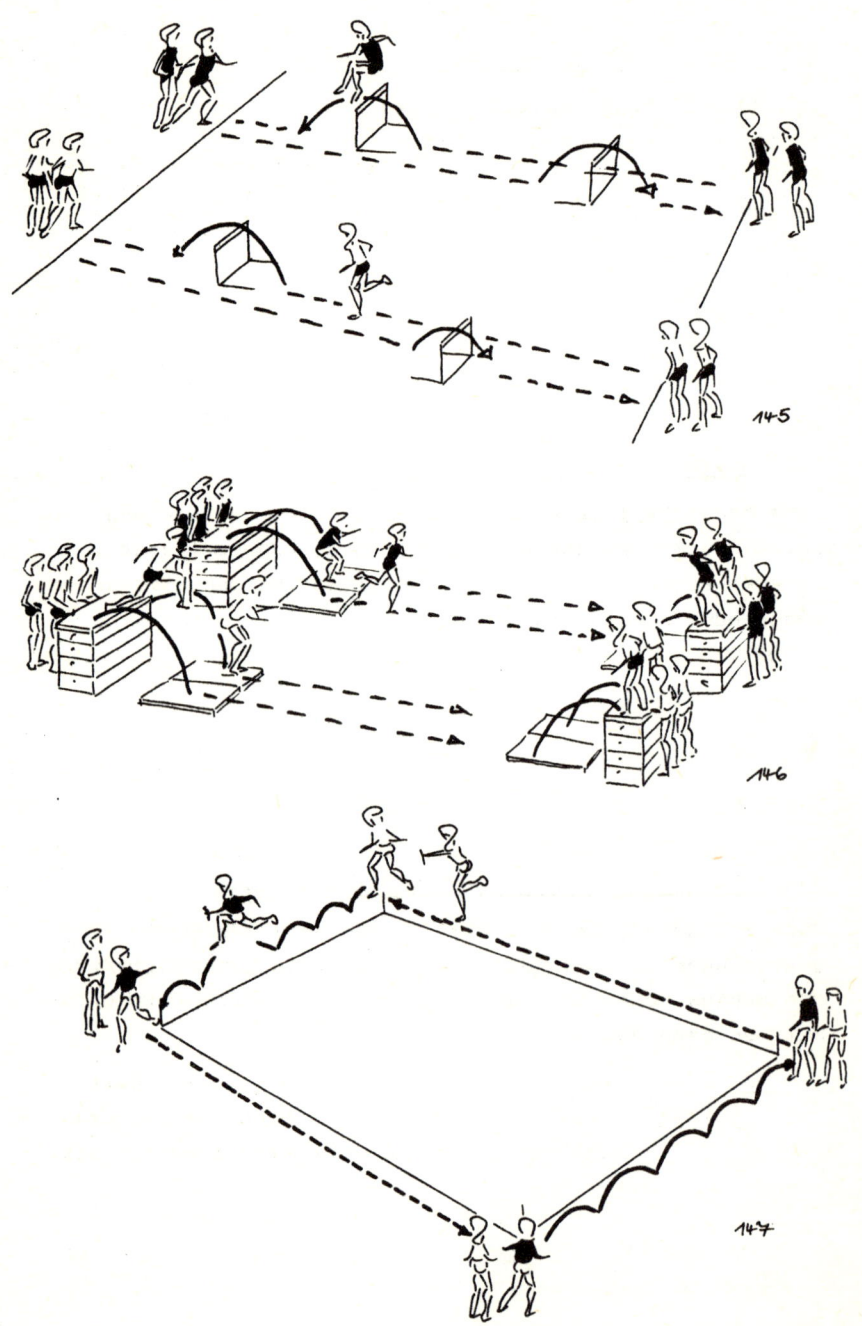

145

146

147

145 Übersprung - Pendelstaffel

In die Pendelstrecke werden jeweils im hinteren Teil Hürden als Hindernisse eingestellt, so daß sie aus vollem
Lauf übersprungen werden müssen.

146 Niedersprung - Pendelstaffel

Jeder Lauf beginnt mit einem Niedersprung von einem hohen
Kasten.

147 Rundenstaffel mit Lauf- und Sprungbahnen

Die Läufer/Springer jeder Mannschaft besetzen die Ecken
eines Vierecks. Je zwei Seiten des Vierecks müssen im
Sprung (verschiedene Sprungaufgaben), die anderen beiden
im Sprint überwunden werden. Die Anzahl der Runden wird
vorher festgelegt.

  Variation: Jede Mannschaft startet an einer anderen
             Ecke. Ein Durchgang ist dann zuende, wenn
             eine Mannschaft eine andere eingeholt hat.

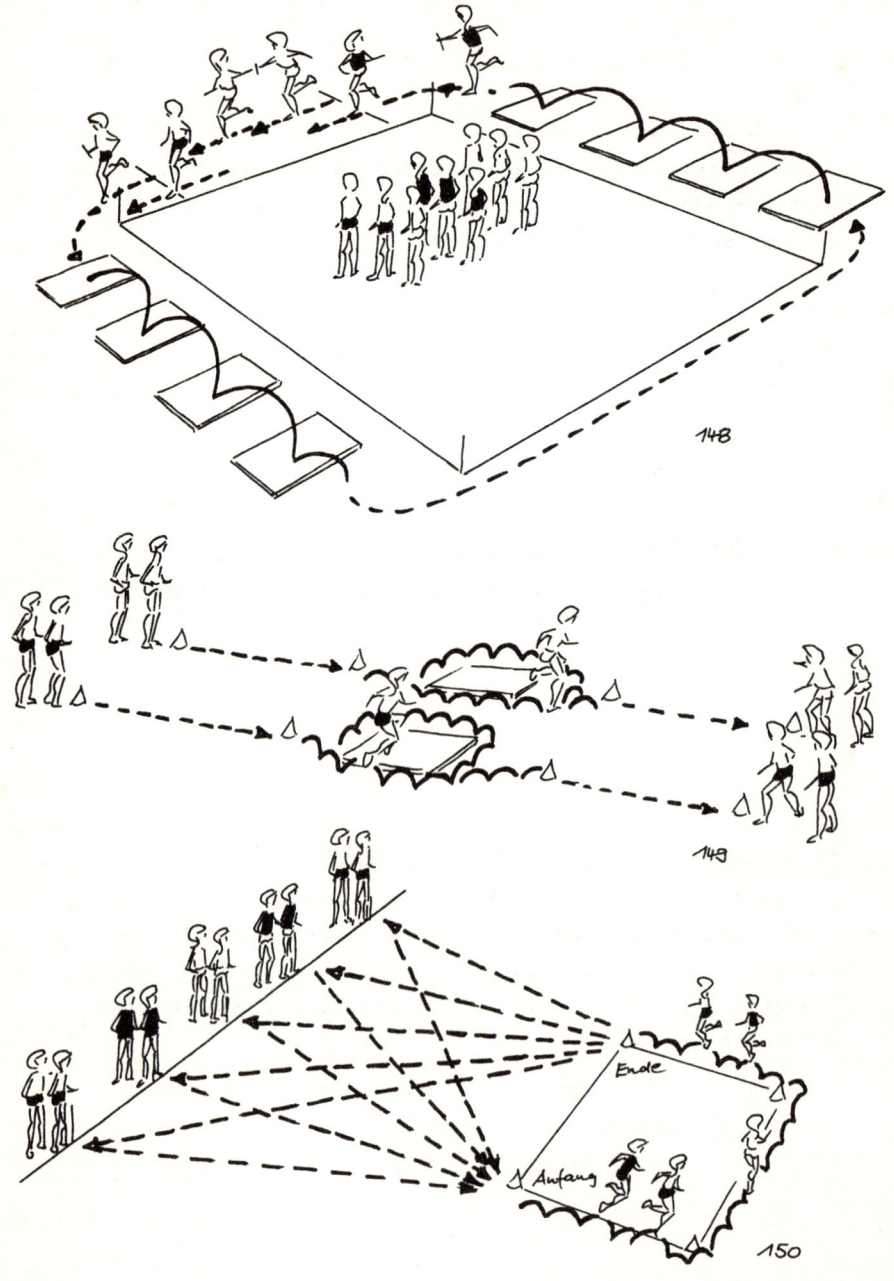

148

149

150

148 Rundenstaffel mit Sprungbahnen

Die Mannschaften starten alle an einer Seite eines mit
zwei Sprungbahnen versehenen Vierecks. Der Wechsel erfolgt
jeweils fliegend an einer Seite in einem markierten Wechselraum.

Variation: Durchgang in Art des Sechstagerennens
(siehe 81)

149 Pendelstaffel mit Sprungrunde

In der Mitte eines Laufweges wird eine Sprungaufgabe ge-
stellt. Beginn, Ende und Umfang sind durch Markierungen
oder Geräte (z.B. Matte) kenntlich gemacht.

150 Lauf zur Sprungaufgabe

In angemessener Entfernung von einer Startlinie wird ein
Viereck abgesteckt, um das herum eine Sprungaufgabe erfüllt werden muß. Die Anzahl der Durchgänge wird vorher
festgelegt.

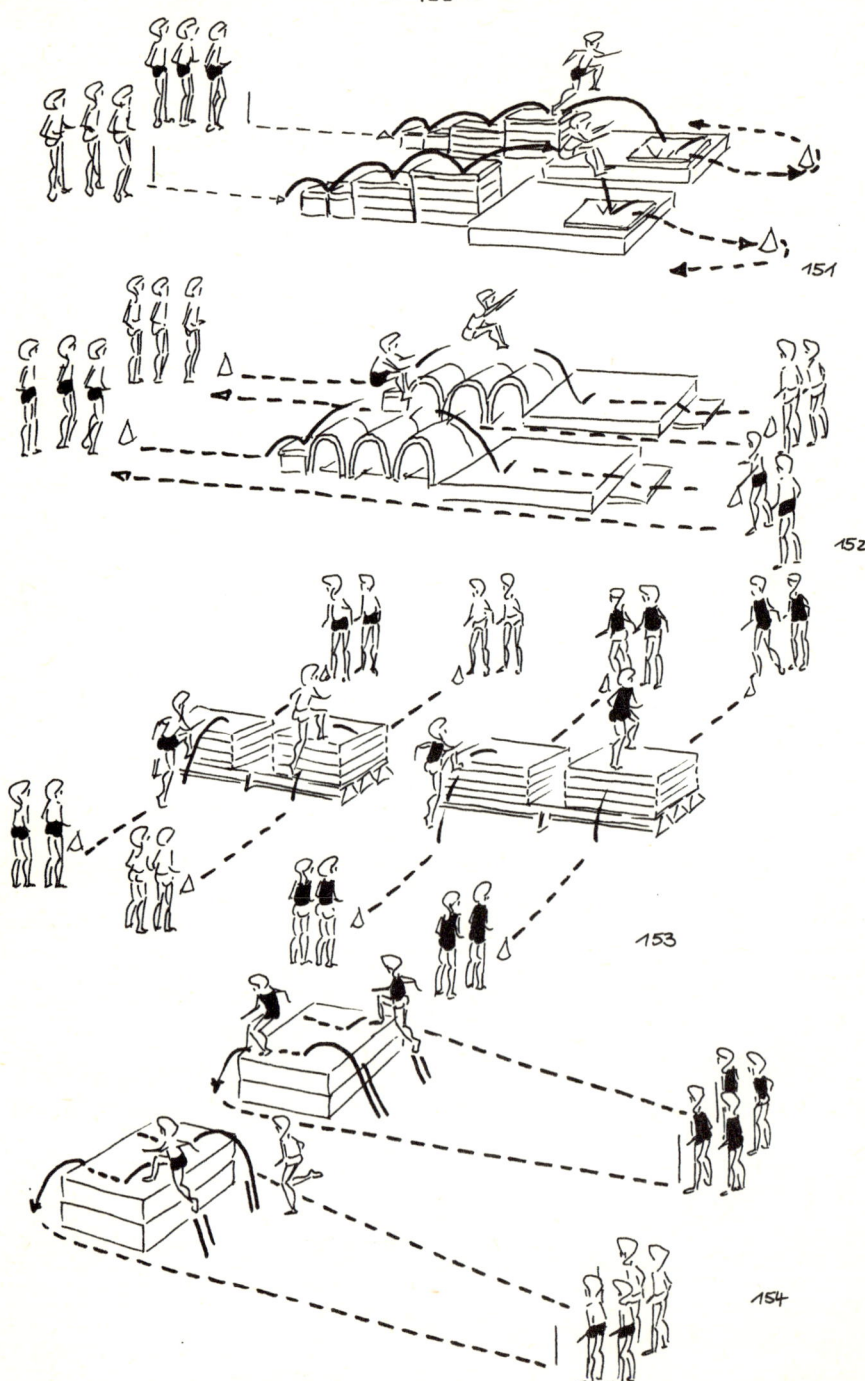

151

152

153

154

151 Wendestaffel an der Kastentreppe

(Im Hauptteil der Stunde wurde an der Kastentreppe geübt.)
Jede Mannschaft besetzt eine Kastentreppen-Bahn. Die Min-
destweite der Sprünge wird durch eine aufgelegte Matte re-
guliert.

Variation: Pendelstaffel mit Sprint als Rückweg

152 Weitsprung - Staffel

Die für den Hauptteil der Stunde aufgebaute Weitsprungan-
lage wird abschließend für ein Staffelspiel genutzt. Der
Rückweg erfolgt jeweils im Sprint.

153 Aufsprung - Pendelstaffel

(Im Hauptteil der Stunde wurden Aufsprünge für das Weit-
sprungtraining durchgeführt.)
Jede Mannschaft belegt eine Bahn mit einem Mattenhügel.

154 Aufsprung - Wendestaffel

Am Ende einer Laufstrecke sind hohe Weichböden plaziert,
die aus vollem Lauf ersprungen werden (Aufsprung). Nach
Verlassen des Weichbodens nach hinten wird der Rückweg an-
getreten.

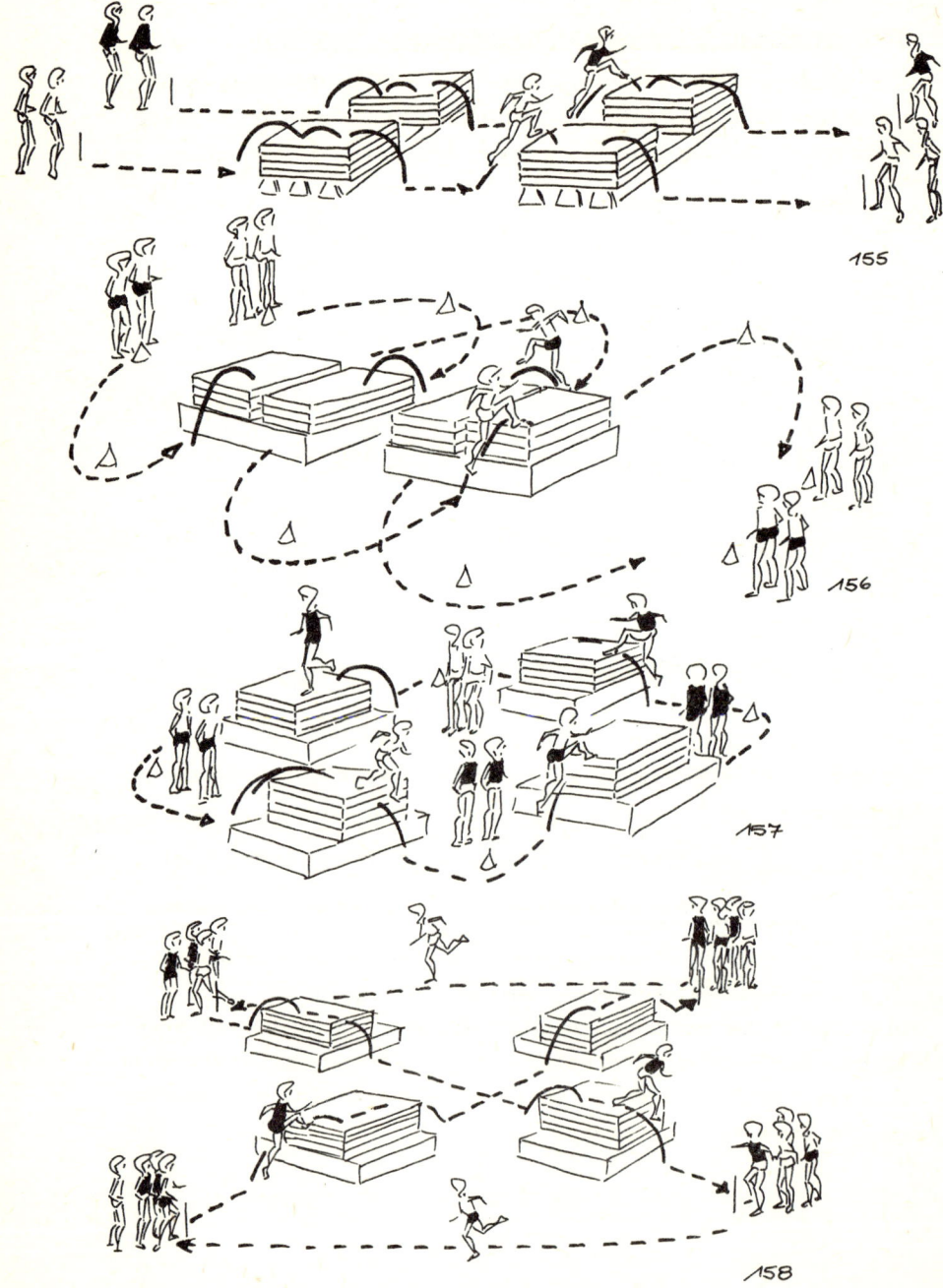

155

156

157

158

155 Aufsprung - Pendelstaffel mit zwei Sprüngen

(Im Hauptteil der Stunde wurden Aufsprünge im bestimmten
Rhythmus über zwei Mattenhügel nacheinander durchgeführt.)
Jede Mannschaft belegt eine Bahn mit zwei Mattenhügeln.

   Variation: Wendestaffel

156 Aufsprung - Wellenstaffel

(Im Hauptteil der Stunde wurden Aufsprünge zur Verbesserung der Sprungkraft durchgeführt.)
Der Laufweg wird durch Einstellen von Hütchen so markiert,
daß sich eine wellenartige Bahn ergibt.

157 Aufsprung - Rundenstaffel

Vier Mattenhügel werden so angeordnet, daß sie im Rund-
lauf überwunden werden können. Vier Mannschaften starten
an den Ecken des Vierecks. Jeder legt eine ganze Runde
zurück.

   Variationen: - Bei großen Gruppen starten immer zwei.

              - Durchgang in Form des Sechstagerennens

158 Aufsprungstaffel in der Acht

Die Läufer jeder Mannschaft werden an vier Stationen verteilt. Der Laufweg besteht aus zwei flachen Sprintstrecken
und zwei sich kreuzenden Mattenhügel-Strecken, so daß ins-
gesamt eine Acht entsteht.

159 Auf- und Niedersprung - Staffel

Bei dieser Pendelstaffel müssen Kästen überwunden werden,
auf die einbeinig aufgesprungen wird. Je zwei Mannschaften
starten an einer Kastenbahn.

160 Distanzspringen mit verschiedenen Sprungarten

Je zwei Springer messen sich. Sie führen verschiedene
Sprungarten nacheinander aus. Die Weiten werden markiert
(z.B. mit Fliesen). Beim zweiten Durchgang versuchen sie,
sich zu verbessern. Dann werden die Paarungen getauscht
usw.

161 Sprungvergleich als Mannschaftswettkampf

Jeder Springer zählt und notiert die Anzahl seiner Sprünge,
die er benötigt, um eine festgelegte Distanz zu überwinden. Zum Schluß werden die Zahlen addiert. Die Sprungart
und die Distanz können variiert werden.

162 Sprungvergleich als Einzelwettkampf

Jeder versucht, eine vorher festgelegte Distanz mit möglichst wenig Sprüngen zu überwinden. Die Sprungart und
die Distanz können variiert werden.

163

164

165

166

163 Mit möglichst wenig Sprüngen über den Platz

Je zwei, drei Spieler bilden eine Mannschaft. Sie springen nacheinander in fester Reihenfolge und vorgeschriebe-
ner Sprungart. Der nächste Springer beginnt jeweils da,
wo der vorherige gelandet ist. Die Landestelle wird z.B.
mit einer Fliese markiert.

164 Treibspringen

Je zwei Mannschaften mit zwei, drei Springern treten gegeneinander an. Eine Mannschaft führt ihre Sprünge immer
in die eine, die andere genau in die entgegengesetzte
Richtung aus. Sprungbeginn ist jeweils die Landestelle
des gegnerischen Springers. Sprungart und -anzahl werden
vorher festgelegt.

Variation: Turnierform

165 Abstand maximieren

In der Sprunggrube ist ein Sandwall aufgeschüttet, der von
verschieden weit entfernten Absprunglinien mit einer bestimmten Anzahl von Sprüngen (Schrittsprünge, Hinken) übersprungen werden soll. Wer schafft die entfernteste Ab-
sprunglinie?

166 Golfpartie: Mit möglichst wenig Sprüngen "einlochen"

Am Ende eines Platzes wird ein "Golfloch" (z.B. Fliese)
markiert. Je zwei Springer bemühen sich, abwechselnd sprin-
gend, mit möglichst wenig Sprüngen "einzulochen". Die Anzahl der Sprünge des einzelnen Springers und die Sprungart
werden vorgeschrieben.

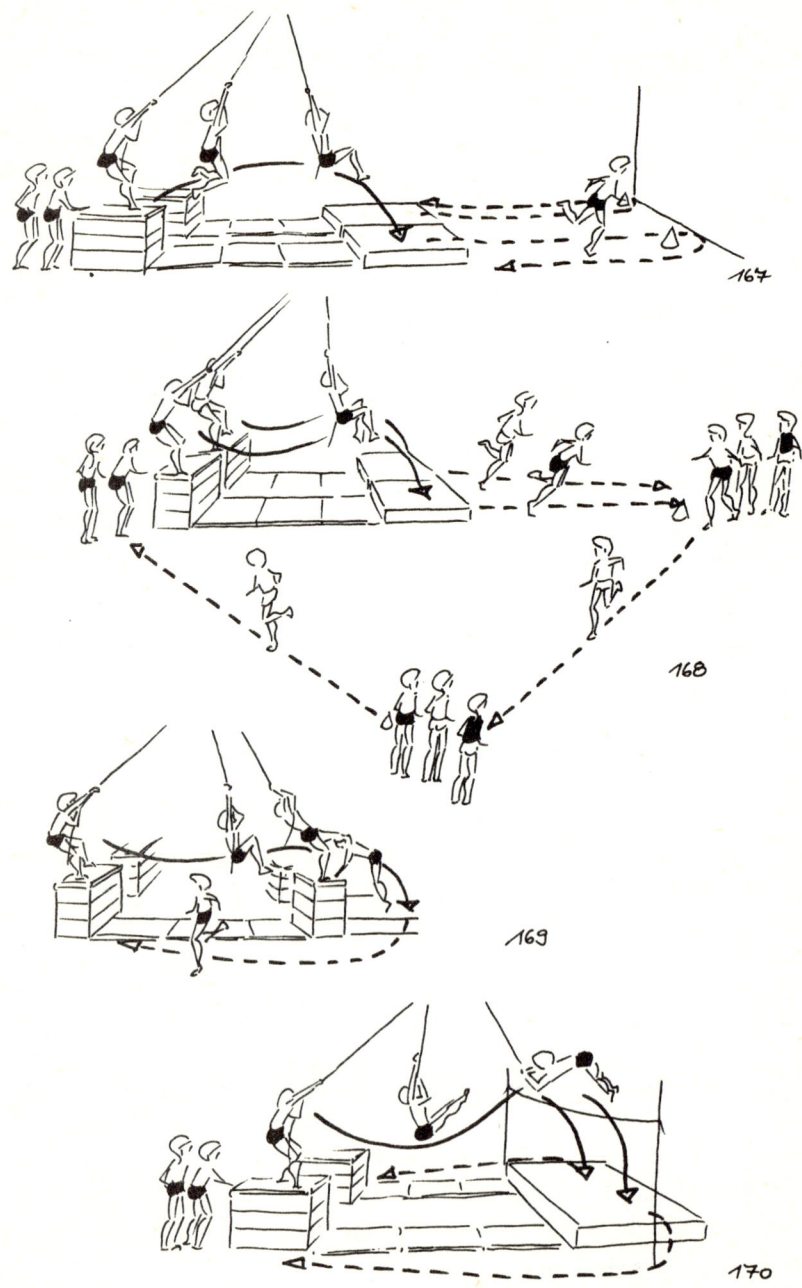

167

168

169

170

167 Abschwingen und Laufen

Jede Mannschaft besetzt ein Tau. Von einem Kasten schwingt
der Übende am Tau auf einen Weichboden, läuft um ein Mal
(Hütchen), kehrt zurück und schlägt den nächsten ab usw.

168 Rundenstaffel mit Abschwingen

Der Aufbau für das Abschwingen wird durch Einstellen von
Hütchen so erweitert, daß eine Rundenstaffel gelaufen werden kann. Die Läufer der Mannschaften werden so verteilt,
daß jede Teilstrecke von einem anderen bewältigt werden
muß.

169 Über den Kasten und zurück

Jede Mannschaft besetzt ein Tau. Der Übende schwingt von
einem Kasten über einen anderen, läuft zurück und schlägt
den nächsten ab, der inzwischen das zurückpendelnde Tau
in Empfang genommen hat usw.

170 Über eine Leine und zurück

Jede Mannschaft besetzt ein Tau. Die Übenden schwingen
über eine Zauberschnur, laufen zurück und schlagen den
nächsten ab, der inzwischen das zurückpendelnde Tau in
Empfang genommen hat usw.

171

172

3. Wurfspiele

Werfen ist nicht nur ein Thema in der Leichtathletik, sondern auch wesentlicher Bestandteil einer Reihe Großer Spiele. So ist es nicht verwunderlich, daß in der Methodikli-
teratur eine Vielzahl von Wurfspielen zu finden ist. Von
dem großen Angebot sind allerdings nur die Formen von Interesse, die als "leichtathletisch" eingestuft werden können. Diese Bedingung erfüllen nur die Spielaufgaben, die
einerseits einen schnellkräftigen, scharfen Wurf herausfordern (struktureller Aspekt), andererseits jeden Akteur
häufig zur Wurfaktion kommen lassen (trainingsmethodischer
Aspekt).

Es gibt im wesentlichen zwei übergeordnete Spielideen, die
einer Realisierung beider Aspekte entgegenkommen: möglichst
weit werfen und möglichst genau werfen. Während es beim
Möglichst-Weit-Werfen um den für leichtathletisches Werfen
typischen Raumgewinn geht, steht beim Möglichst-Genau-Wer-

171 Hin und her in Staffelform

Jede Mannschaft besetzt ein Tau. Die Übenden schwingen von
Kasten zu Kasten und wieder zurück, wo der nächste das Tau
übernimmt.

172 Alle auf einen Kasten

Jede Mannschaft besetzt ein Tau, einen Start- und einen
Zielkasten. Die Mannschaftsmitglieder schwingen nacheinander auf den Zielkasten und bleiben dort stehen, bis der
letzte angekommen ist. Welche Mannschaft steht zuerst ge-
schlossen auf dem Kasten?

   Variation: Hin und zurück

---

fen das Treffen von Zielen im Mittelpunkt (Zielwerfen,
Trefferspiele).

Der Vorteil des Zielwerfens ist ein zweifacher: Zum einen
erhält der Werfer bei jedem Wurf sofort eine Rückmeldung
über den Erfolg seiner Handlung, zum anderen hat auch der
Erfolg, der nicht so weit werfen kann. Die Aufgaben sind
in Erfüllung der oben hervorgehobenen Forderungen allerdings
so zu stellen, daß der schnellkräftige Wurf und
nicht taktische Varianten mit leichten Würfen Erfolg versprechen.

Trefferspiele bieten viele Möglichkeiten der Variation, da-
runter ganz besonders die, daß sie als Turniere ausgespielt
werden können, bei denen immer jeweils zwei Mannschaften
gegeneinander antreten. Auf diese Weise wird die Leichtathletik zum spannenden Mannschaftswettbewerb.

Wenn bisher vom Werfen geredet wurde, dann stand es als
Oberbegriff für eine Vielzahl variabler Wurfausführungen:
Schlagwurf, beidhändiger Überkopfwurf (Einwurf), ein- und
beidhändiger Schockwurf, ein- und beidhändiger Stoß, Wurf
aus der Drehung u.a.m. bieten ein reichhaltiges Programm.
Spielgeräte sind nicht die gefährlichen Kugeln, Speere
oder Disken. Spielgerät ist der Ball, allerdings in seinen unterschiedlichsten Arten als leichtes Wurfgerät oder

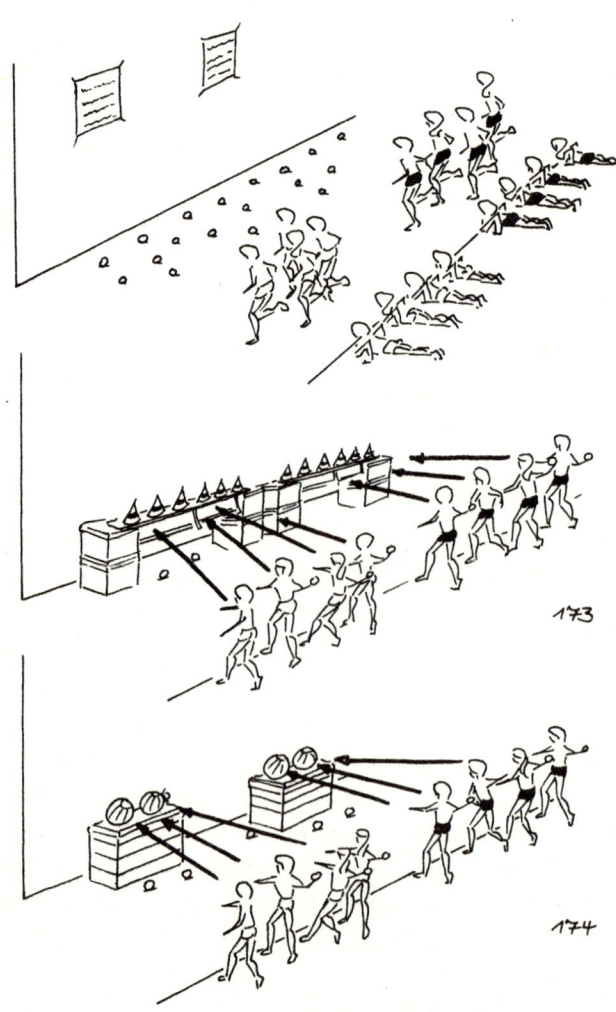

als schweres Trainingsgerät: Schlagball, Handball, Volleyball, Basketball, Fußball, Medizinball, Schleuderball. Bevorzugt werden sollten auf jeder Stufe der Entwicklung
die Wurfgewichte, die einen scharfen Wurf und eine große
Weite versprechen. Nur so werden Wurf-"Sensationen" erlebt
und das damit verbundene positive Gefühl gefördert, das
die Motivation auch der schwächeren Werfer erreicht.

Bei der Organisation von Wurfspielen sind Fragen der Si-
cherheit mitzubedenken. Aus Sicherheitsgründen sollte z.B.
das Werfen untersagt werden, wenn Bälle gesammelt werden.
Wird in Richtung eines Hallenvorhanges oder eines Fangzau-
nes geworfen, so daß die Bälle nicht in das Feld zurück-
prallen, hat sich der "Start zu den Bällen" als besonders
günstige Möglichkeit des Ballsammelns bewährt: Wenn alle
Mannschaften ihre Ballkörbe geleert haben, legen sich die
Werfer in Startposition hinter die Abwurflinie. Sie starten auf Signal des Lehrers/Übungsleiters zu den Bällen.
Jede Mannschaft hat beim nächsten Durchgang so viele Bälle,
wie sie er-sammeln kann.

173 Hütchen - Zielwerfen

Jede Mannschaft besitzt eine Hütchenreihe, die erhöht (z.B.
auf einer eingehängten Bank) aufgestellt ist. Ein Durchgang ist beendet, wenn eine Mannschaft es geschafft hat,
alle Hütchen herunterzuwerfen.

174 Treffball

Jede Mannschaft wirft auf zwei bis drei Medizinbälle, die
erhöht auf einem Kasten liegen. Ein Durchgang ist beendet,
wenn es einer Mannschaft gelungen ist, alle Bälle vom Kasten zu werfen. Wenn in Richtung eines Trennvorhanges geworfen wird, beginnt das Ballsammeln jeweils für alle gemeinsam mit einem "Start zu den Bällen" (siehe S.132).

175

176

177

175 Treffer - Turnier

Je zwei Mannschaften werfen überkreuz gegeneinander. Jede
ist bemüht, die Kegel der anderen Mannschaft herunterzuwerfen. Beim nächsten Durchgang treten andere Mannschaften
gegeneinander an.

176 Ziel - Rollball

Zwei Spielhelfer rollen einen großen Ball parallel zu einer Wand hin und her. Die Werfer versuchen, den rollenden
Ball zu treffen.

177 Abwerfen im Flug

Zwei Spielhelfer werfen sich einen Ball (Volleyball, Handball) im hohen Bogen parallel zu einer Wand zu. Die Werfer
versuchen, den fliegenden Ball zu treffen.

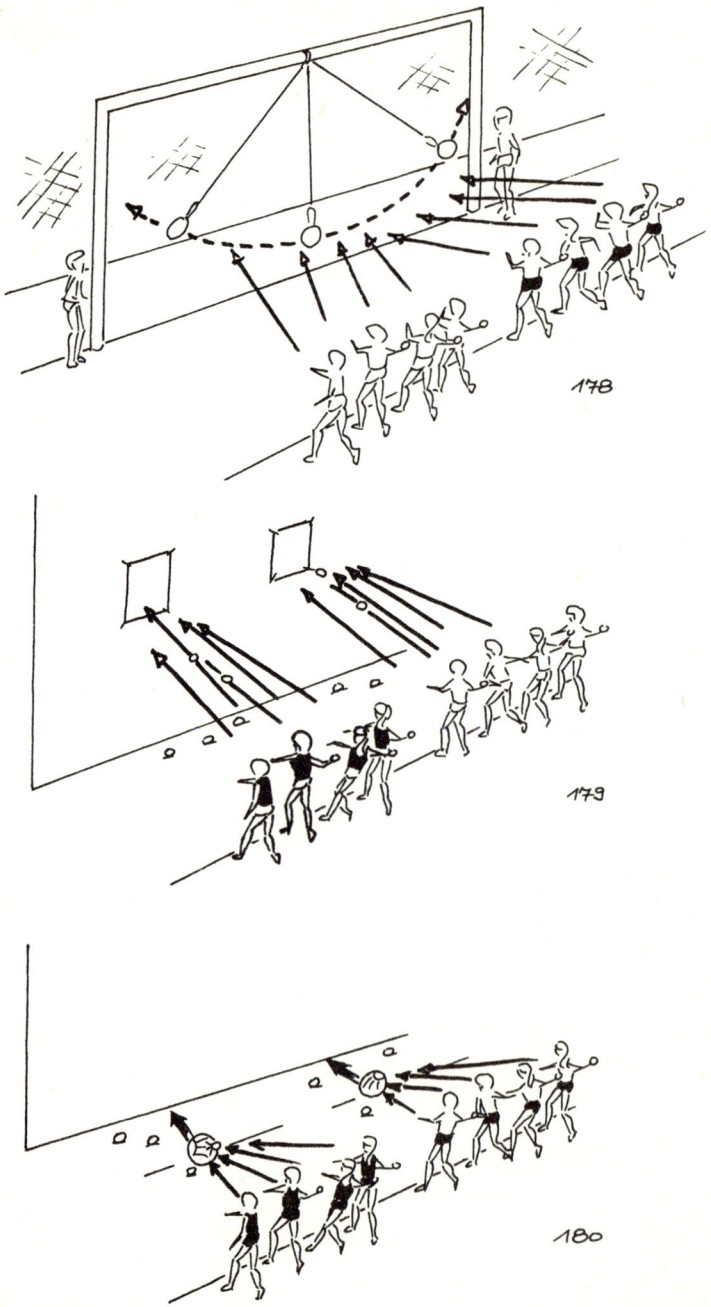

178

179

180

178 Ball - Pendel treffen

Im Fußballtor hängt ein Ballpendel, das die Werfer zu treffen versuchen. Zwei Spielhelfer sorgen für eine ausreichende Pendelbewegung.

179 Zeitungen abwerfen

Für jede Mannschaft wird ein Zeitungsblatt mit Klebeband an einem Vorhang oder einem Drahtzaun befestigt. Ein Durchgang ist beendet, wenn eine Mannschaft es geschafft hat, das Zeitungsblatt abzuwerfen. Das Ballsammeln beginnt jeweils für alle gemeinsam mit einem "Start zu den Bällen" (vgl. S.132).

180 Balltreiben

Für jede Mannschaft liegt in 3 bis 4m Entfernung von einer Wand oder einem Zaun ein Medizinball als Ziel. Dieser soll mit gezielten Würfen (Schlagbälle, Tennisbälle, Handbälle) gegen die Wand getrieben werden.

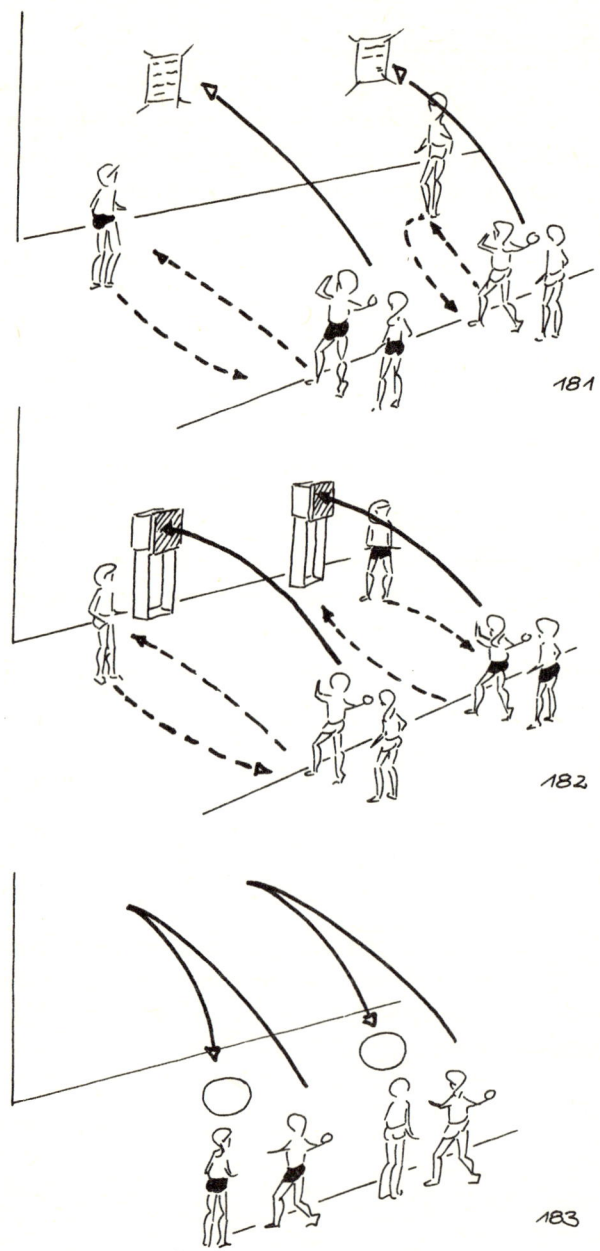

181

182

183

181 Zeitungen abwerfen zu dritt

Die Dreiergruppe gestattet eine optimale Organisationsform
für Wurfspiele. Jede Dreiergruppe hat einen Ball, und für
jede Dreiergruppe ist ein Zeitungsblatt an den Trennvor-
hang gehängt. Wie bei 179 besteht die Aufgabe darin, die
Zeitung abzuwerfen. Wer geworfen hat, läuft seinem Ball
hinterher, der Wartende trägt den Ball zurück, der dritte
wirft usw.

182 Trefferspiel zu dritt

Je drei Werfer bilden eine Mannschaft. 1 wirft, 2 holt den
Ball, 3 wirft usw. Jeder Treffer zählt einen Punkt. Welche
Mannschaft hat zuerst 5, 10 Treffer?

   Variation: Trefferspiel mit Schockwürfen (z.B. kurz ge-
              faßter Schleuderball)

183 Ball in ein Ziel

Je zwei Werfer haben einen Ball. Abwechselnd versuchen sie,
den Ball so gegen die Wand zu werfen, daß der Abpraller genau auf die vor der Wand plazierte Matte fällt (nur die erste Bodenberührung zählt).

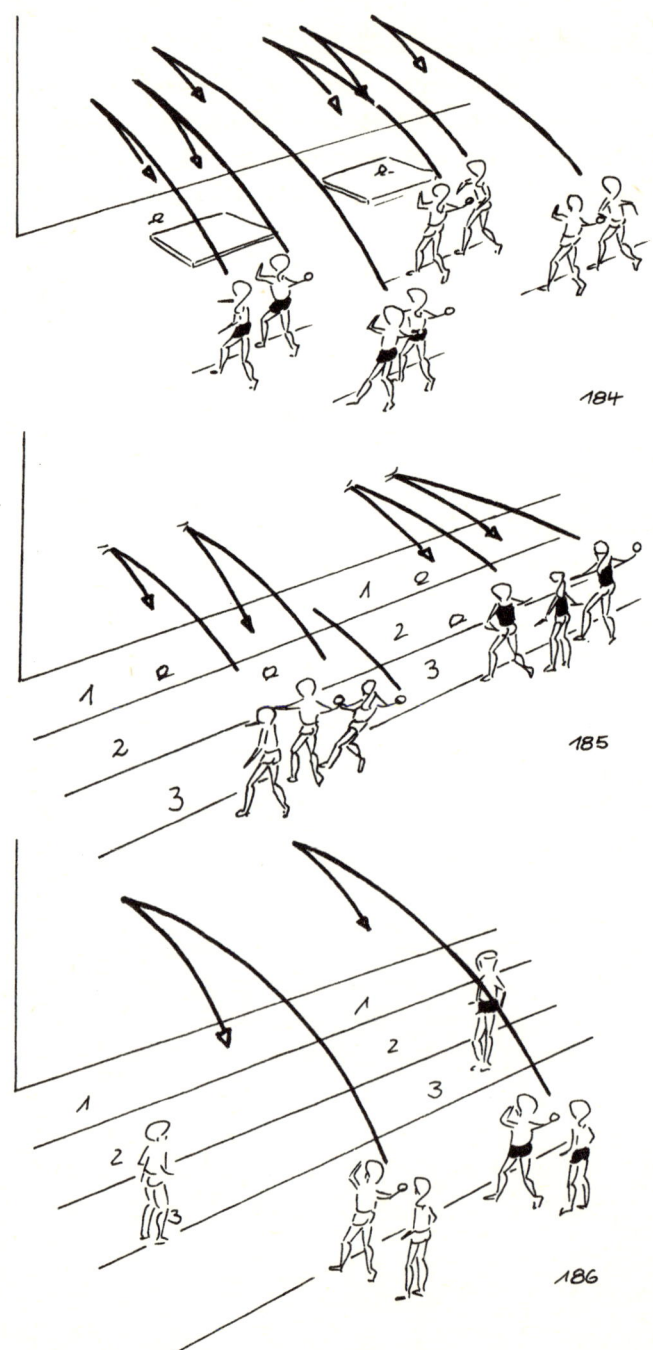

184

185

186

184 Ball in ein Ziel als Mannschaftswettkampf

Wie bei 183 sind die Werfer bemüht, die Bälle so gegen die
Wand zu werfen, daß die Abpraller auf die Matte springen.
Bei unterschiedlichen Wurfleistungen sollten verschiedene
Abwurflinien gewählt werden.

185 Zonenwerfen mit Abprallern

Der Bereich vor der Wand ist in Zonen eingeteilt. Die Aufgabe besteht darin, den Ball so kräftig gegen die Wand zu
werfen, daß er in einer möglichst entfernten Zone zu Boden
fällt.

  Variationen: - Die drei Werfer einer Mannschaft treten
                 gegeneinander an. Wer schafft die mei-
                 sten Punkte oder die meisten Würfe in
                 die entfernteste Zone?
               - Mannschaftsvergleich: Welche Mannschaft
                 schafft zuerst 10, 20 Würfe in die ent-
                 fernteste Zone?

186 Zonenwerfen zu dritt

Je drei Werfer bilden eine Mannschaft. 1 wirft, 2 holt den
Ball, 3 wirft usw. Die Wurfergebnisse werden auf einer
Strichliste notiert. Welche Mannschaft hat zuerst 100 Punk-
te?

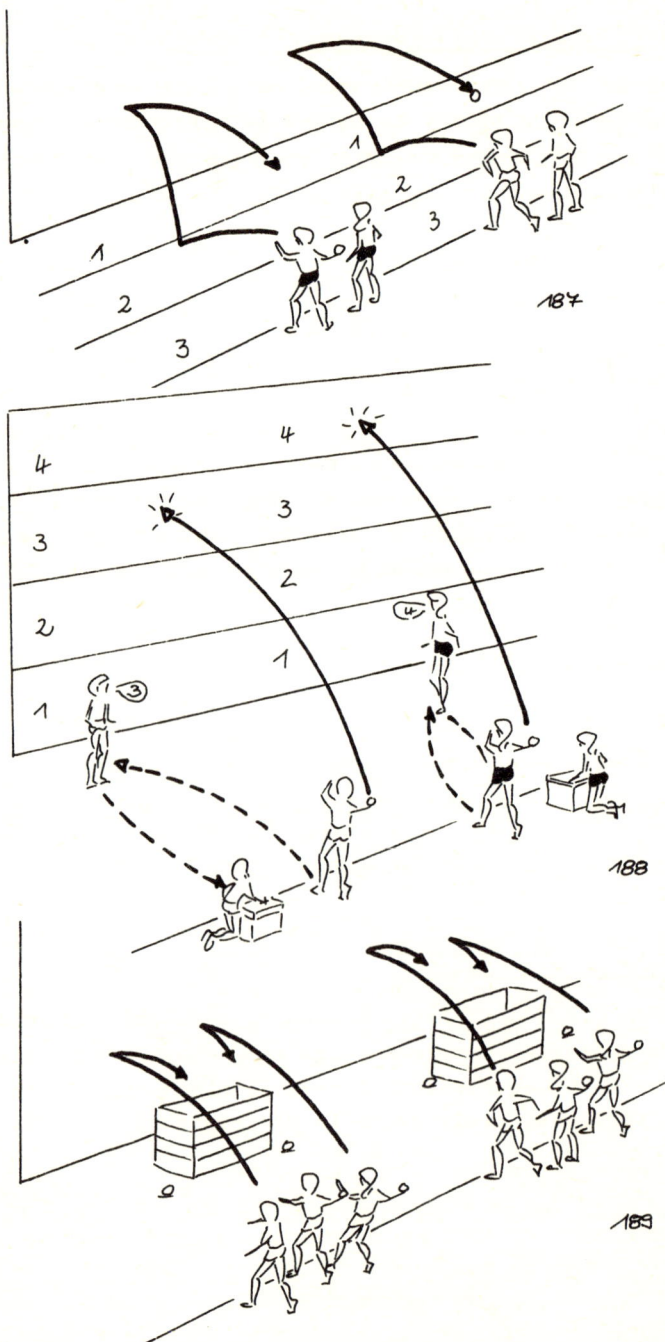

187

188

189

187 Zonenwerfen mit Aufsetzern

Je zwei Werfer vergleichen sich. Gegen die Wand geworfene
Aufsetzer sollen möglichst weit zurückspringen. Vor der
Wand sind Zonen markiert, die das Ergebnis anzeigen.

   Variation: Zu dritt wie 186

188 Punkte sammeln

Die Längsfalten eines Trennvorhanges bieten eine Zonenein-
teilung für das Weitwerfen. Die Zonen werden von unten
nach oben mit Punkten belegt. Je drei Werfer bilden eine
Mannschaft. 1 wirft, 2 holt den Ball und notiert das Ergebnis, 3 wirft usw. Welche Mannschaft hat zuerst 100 (200)
Punkte?

189 Ball in den Kasten

Nach oben geöffnete Kästen werden so parallel zu einer
Wand aufgestellt, daß es möglich ist, Abpraller in sie hineinzuwerfen. Jede Mannschaft besetzt einen Kasten und versucht, möglichst viele Bälle in den Kasten zu werfen.

190

191

192

190 Aufsetzer in den Kasten

Nach oben geöffnete Kästen werden so parallel zu einer
Wand aufgestellt, daß es möglich ist, Aufsetzer als Abpraller in sie hineinzuwerfen. Jede Mannschaft besetzt einen Kasten und versucht, möglichst viele Bälle in ihren
Kasten zu bekommen.

191 Weichboden umwerfen

Zwischen Kästen sind Weichböden eingeklemmt, die mit kräf-
tigen Würfen umgeworfen werden sollen. Das Ballsammeln erfolgt mit einem "Start zu den Bällen" (siehe S.132).

192 Wand - Treibball mit Aufsetzern

Je zwei Mannschaften spielen gegeneinander. Jede ist bemüht, den Ball so kräftig gegen die Wand zu werfen, daß
der Gegner von der Wand getrieben wird. Der Ball darf erst
nach dem Aufsetzen auf den Boden gefangen werden.

193

194

195

193 Wand - Treibball

Je zwei Mannschaften spielen gegeneinander. Jede ist bemüht, den Ball so kräftig gegen die Wand zu werfen, daß
der Gegner von der Wand weggetrieben wird. Fangstelle ist
Wurfstelle.

194 Balltreiben mit rollenden Bällen

Ein 3 bis 4m von einer Wand entfernt liegender Medizinball
soll mit rollenden Bällen gegen die Wand getrieben werden.
Die Wahl der Bälle muß der Leistungsfähigkeit der Spieler
angepaßt werden.

195 Treffball gegeneinander

Zwischen zwei Mannschaften stehen Bänke, auf denen Hütchen
oder Medizinbälle als Ziele aufgereiht sind. Ein Durchgang
ist beendet, wenn alle Hütchen abgeworfen sind. Den Punkt
erhält die Mannschaft, die mehr Hütchen ins Feld des Gegners geworfen hat.

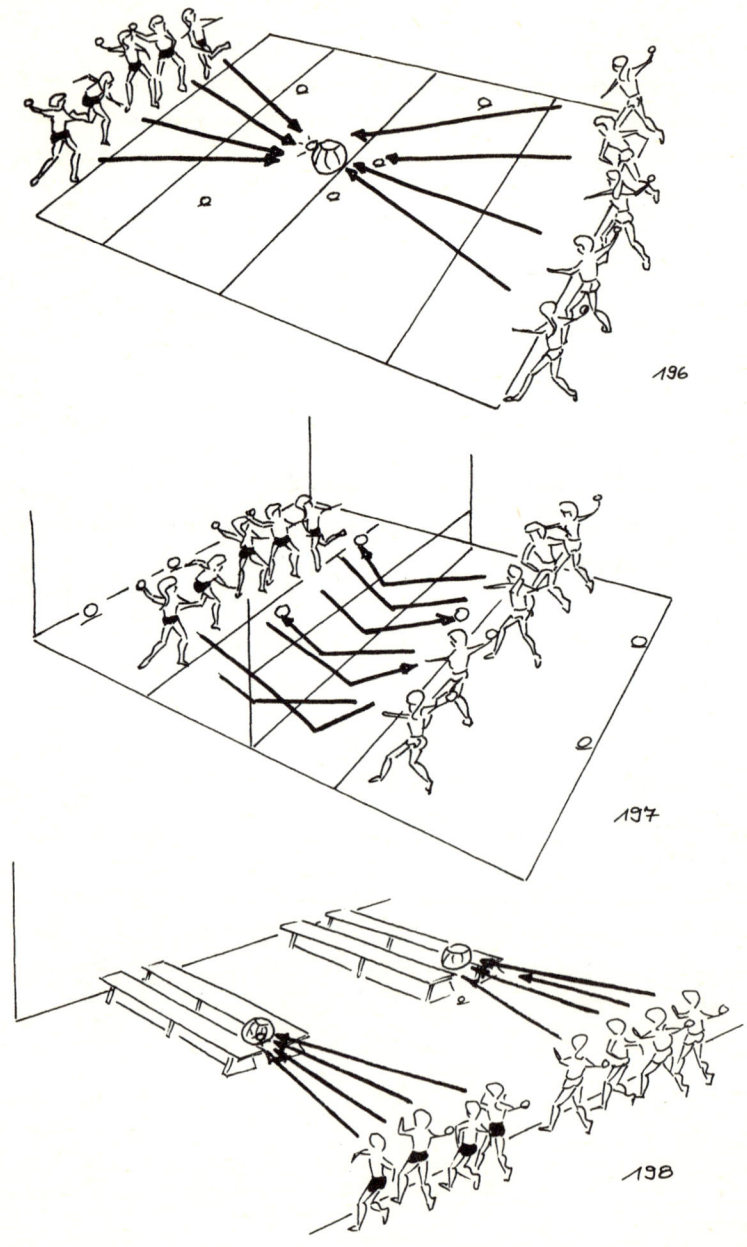

196

197

198

196 Balltreiben gegeneinander

Zwei an gegenüberliegenden Linien aufgestellte Mannschaften versuchen, einen in der Mitte des Feldes plazierten Medizinball durch gezielte, scharfe Würfe zum Gegner zu treiben. Ein Durchgang ist beendet, wenn der Ball eine bestimmte Linie überrollt.

> Variation: Die Spieler verteilen sich auch an den Seitenlinien.

197 Ball unter die Schnur

Zwischen zwei Mannschaften ist in etwa 1m Höhe eine Schnur gespannt. Die Aufgabe besteht darin, den Ball unter der Schnur durch als Aufsetzer so zu plazieren, daß "Tore" erzielt werden, d.h. der Ball über die Grundlinie des Gegners gelangt. Jedes "Tor" zählt einen Punkt.

198 Schienen - Treibball

Auf je zwei senkrecht zu einer Wand eingestellten Bänken liegt ein Medizinball wie auf einer Schiene. Die Aufgabe besteht darin, den Medizinball mit gezielten, scharfen Würfen auf der Schiene gegen die Wand zu treiben.

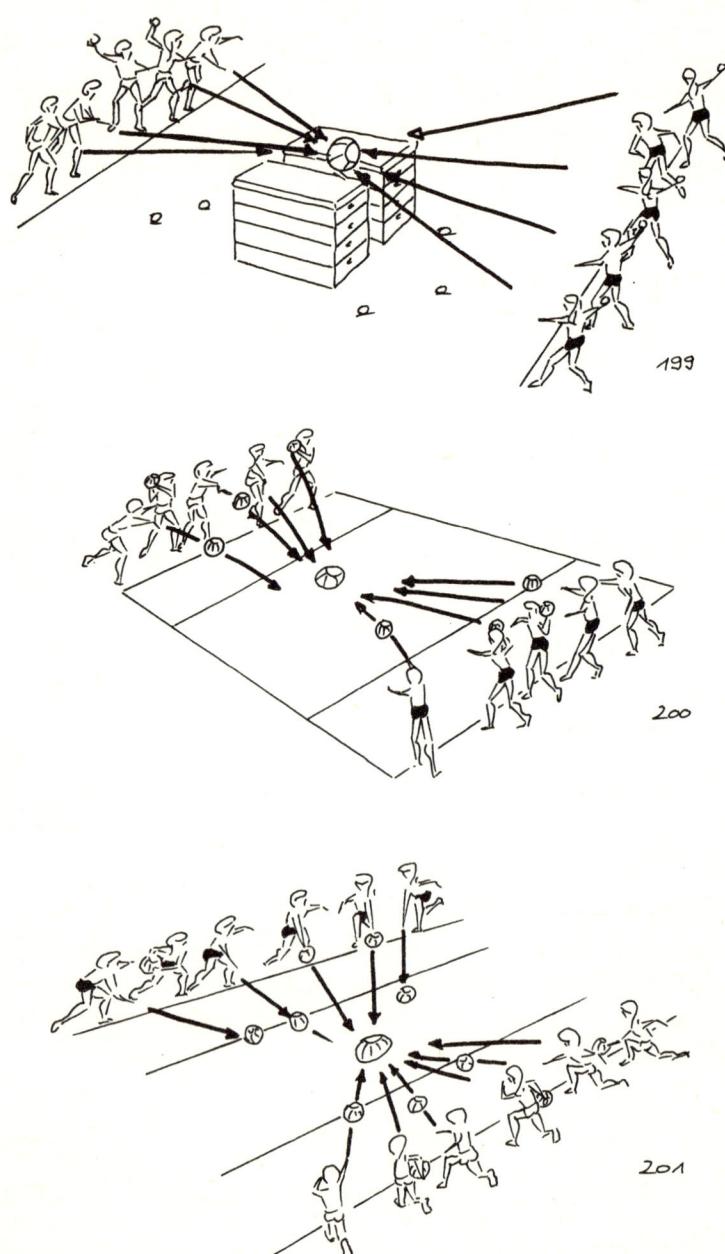

199

200

201

199 Schienen - Treibball gegeneinander

Ein Medizinball liegt auf einer Schiene zwischen zwei Kästen (Bänken). Zwei gegenüber aufgestellte Mannschaften
versuchen, den Medizinball durch gezielte, scharfe Würfe
auf der Seite des Gegners auf den Boden zu treiben.

200 Balltreiben mit Medizinbällen

In der Mitte zwischen zwei Mannschaften liegt ein großer
Medizinball. Dieser soll durch gezielte Stöße/Würfe in
Richtung des Gegners getrieben werden. Die Wurfart wird
vorher festgelegt. Ein Durchgang ist beendet, wenn der
Ball eine bestimmte Linie überrollt.

201 Roll - Treibball

In der Mitte zwischen zwei Mannschaften liegt ein großer
Medizinball. Dieser soll durch gezieltes Rollen von klei-
neren Medizinbällen in Richtung des Gegners getrieben werden. Ein Durchgang ist beendet, wenn der Ball eine bestimmte Linie überrollt.

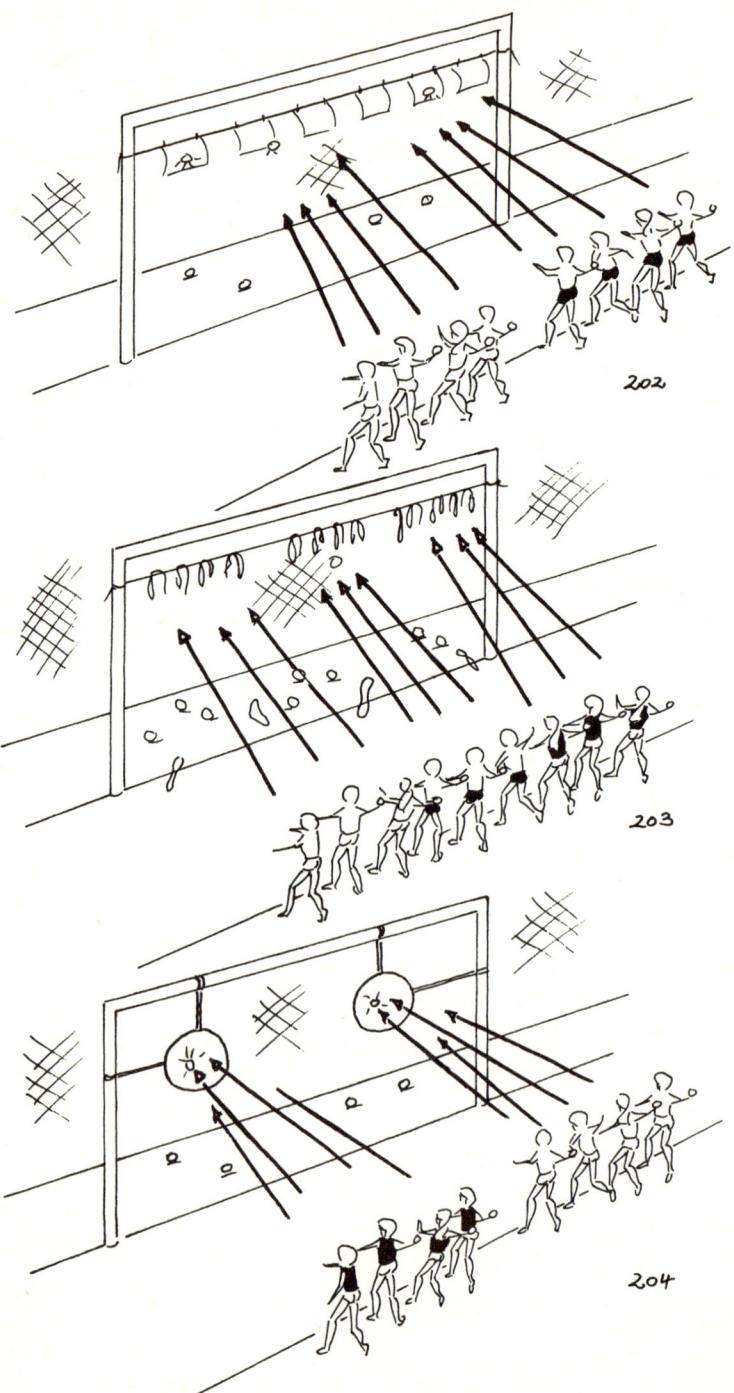

202

203

204

202 "Wäsche" von der Leine

Jede Mannschaft hat als Ziele eine bestimmte Anzahl von
Lappen, die mit Wäscheklammern an einer Leine befestigt
sind. Nach Abwurf sämtlicher Bälle kann das Ballsammeln
mit einem "Start zu den Bällen" erfolgen (siehe S.132).

203 Mannschaftsbänder von der Leine

Für jede Mannschaft hängt eine bestimmte Anzahl von Mannschaftsbändern ohne Befestigung über einer Leine. Durch gezielte Würfe wird versucht, die Mannschaftsbänder abzuwerfen. Ein Durchgang ist beendet, wenn eine Mannschaft es geschafft hat, alle Bänder abzuwerfen.

204 Durch den Reifen

In ein Fußballtor (Handballtor) sind Reifen eingehängt. Jede Mannschaft besetzt einen Reifen und versucht, möglichst
viele Treffer zu erzielen.

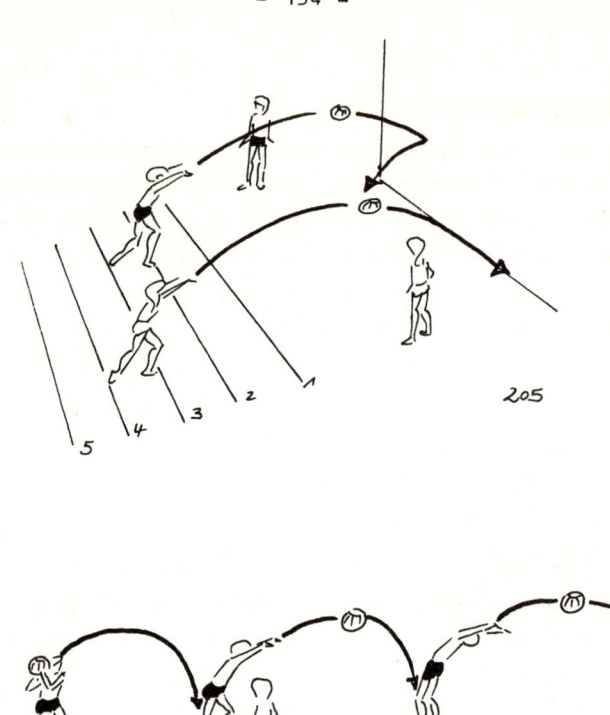

205

206

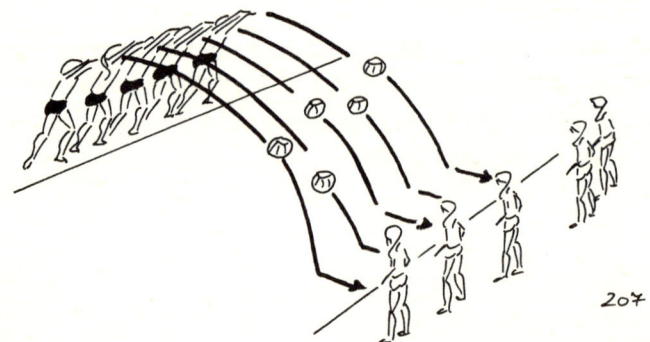

207

205 Abstand maximieren

Parallel zu einer Wand sind mehrere Abwurflinien markiert.
Je zwei Werfer treten gegeneinander an. Zu Beginn wird von
der Abwurflinie mit dem geringsten Abstand geworfen. Bei
allmählicher Vergrößerung des Abstandes besteht die Aufgabe
dann darin, genau die Entfernung herauszufinden, von der
die Wand gerade noch erreicht wird. Wer schafft den größ-
ten Abstand? Die Wurfart wird für jeden Durchgang festgelegt.

206 Drei verschiedene Würfe

Je zwei Werfer treten gegeneinander an. Jeder führt drei
verschiedene Würfe hintereinander aus. Die Auftreffstelle
wird jeweils mit einer Fliese als neue Abwurfstelle markiert.

207 Wer wirft den weitesten Ball

Zwei Gruppen stehen sich gegenüber. Die Werfer einer Gruppe treten jeweils gegeneinander an. Die Aufgabe besteht
darin, den Ball mit einer vorgegebenen Wurfart so zu werfen, daß er möglichst weit rollt.

208

209

210

211

208 Treibball

Je zwei Mannschaften spielen gegeneinander. Spielbeginn
ist ein etwa gleicher Abstand beider Mannschaften zur Mitte des Platzes. Jede Mannschaft versucht, den Gegner mit
einer vorher festgelegten Wurfart vom Platz zu treiben.
Fangstelle ist Wurfstelle.

  Variation: Der Ball darf erst gefangen werden, wenn er
             einmal den Boden berührt hat.

209 Mit möglichst wenig Würfen über den Platz

Je zwei Werfer bilden eine Mannschaft. Sie versuchen abwechselnd, mit möglichst wenig Würfen einer vorher festgelegten Wurfart die Länge des Platzes zu überwinden. Die
nächste Abwurfstelle ist dort, wo der Ball auftrifft oder
wo der rollende Ball liegen bleibt.

210 Golfpartie: Mit möglichst wenig Würfen "einlochen"

Am Ende eines Platzes wird ein "Golfloch" (z.B. Fliese)
markiert. Je zwei Werfer bemühen sich, abwechselnd werfend,
mit möglichst wenig Würfen "einzulochen". Die Auftreffstelle ist jeweils neue Abwurfstelle. Die Wurfart wird vorher festgelegt.

211 Wer rollt den Medizinball am weitesten

Zwei Gruppen stehen sich gegenüber. Die Werfer einer Gruppe treten jeweils gegeneinander an. Sie versuchen, den Medizinball möglichst weit zu rollen. Wenn sich die besten
Werfer herauskristallisiert haben, werden die Gruppen neu
zusammengestellt.

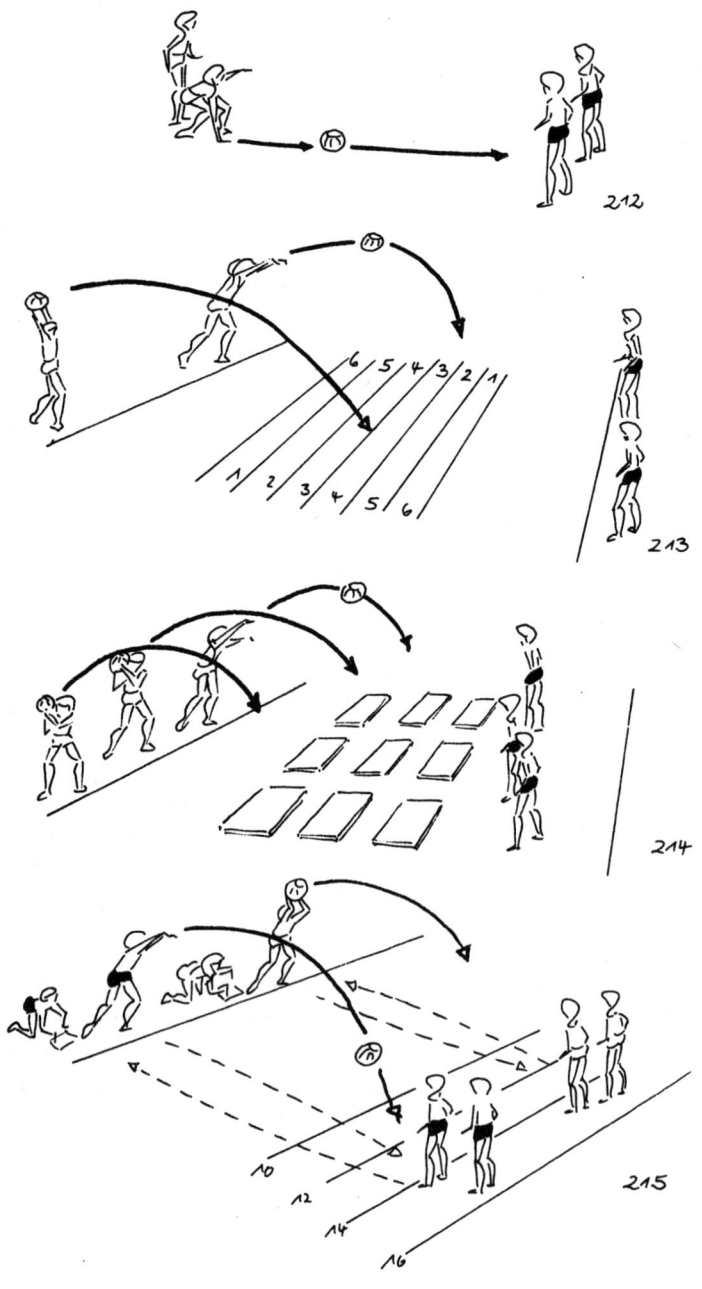

212

213

214

215

212 Roll - Treibball

Je zwei Werfer bilden eine Mannschaft. Die Aufgabe besteht
darin, einen Medizinball in Richtung der gegnerischen Mannschaft zu rollen. Wo der Ball liegen bleibt, wird er
von dieser wieder zurückgerollt. Wer schafft es, den Gegner vom Platz zu treiben?

213 Zonenwerfen

Je zwei Werfer treten gegeneinander an. In der Mitte zwischen ihnen sind Zonen markiert (z.B. Laufbahn). Ziel ist
es, eine möglichst hohe Punktzahl zu werfen. Die Wurfart
kann vielfältig variiert werden. Nach einer bestimmten Anzahl von Würfen werden die Paarungen neu zusammengesetzt.

Variation: Turnierform: Wer gewinnt, rückt nach rechts,
wer verliert, nach links.

214 Zonenwerfen an der Mattenbahn

Zwischen je zwei Werfern sind durch Einlegen von Matten
Zonen eingeteilt. Wer schafft die weiteste Zone? Beim nächsten Durchgang werden die Paare getauscht, dann die Wurfart
usw.

215 Wer schafft zuerst 500 m ?

Drei, vier Werfer bilden eine Mannschaft; sie haben einen
Medizinball. Die Wurfweiten werden nach jedem Wurf notiert
und addiert. 1 wirft und läuft seinem Ball nach auf die
Meßposition, 2 mißt, trägt den Ball zurück und notiert die
Weite, 3 wirft usw. Sieger ist die Mannschaft, die zuerst
eine Gesamtweite von 500m erreicht hat.

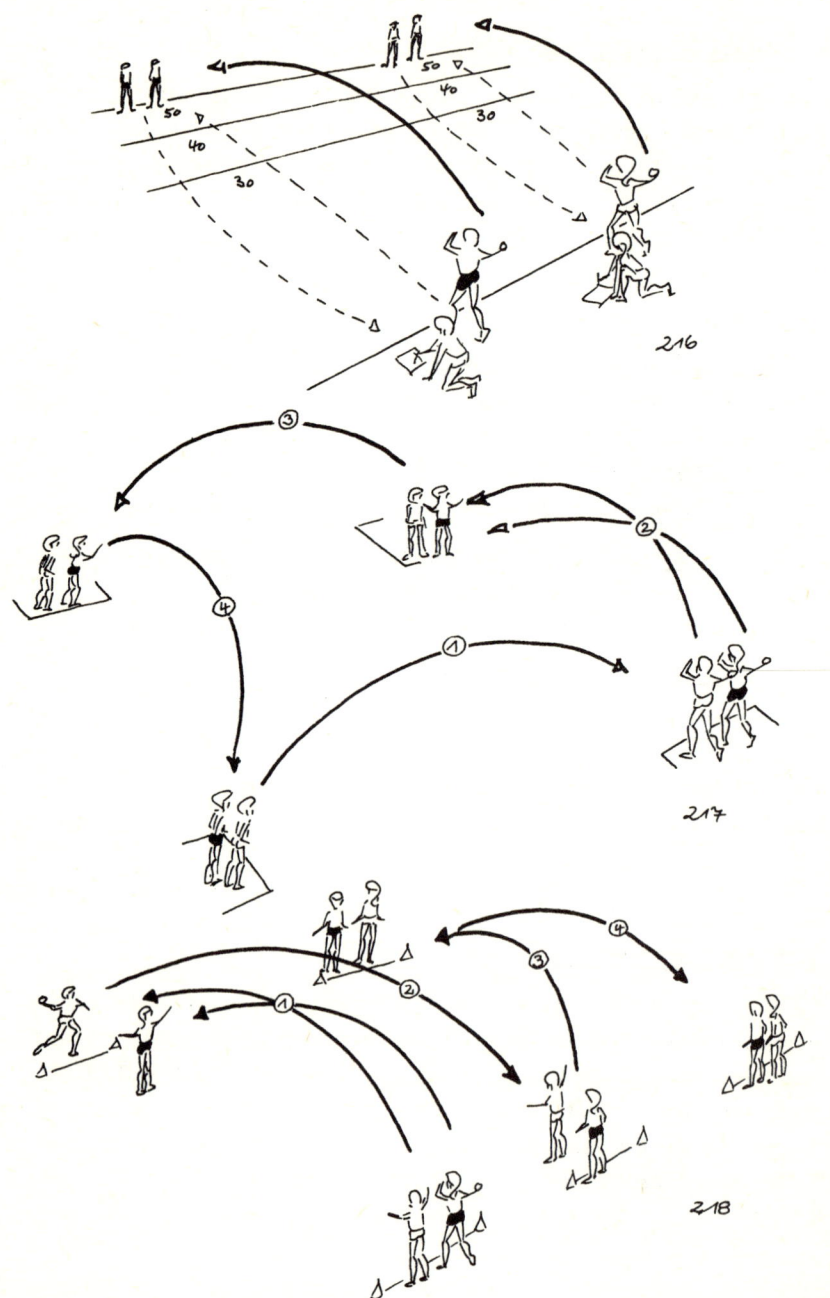

216

217

218

216 Wer schafft zuerst 1000 m ?

Mindestens drei Werfer bilden eine Mannschaft; sie haben
einen Schlagball. Die Abfolge ist wie bei 215. Sieger ist
die Mannschaft, die zuerst eine Gesamtwurfweite von 1000m
erreicht hat.

217 Wurf - Stafette

Die Werfer einer Mannschaft stehen an den Ecken eines Vierecks verteilt, dessen Seitenlängen größer sind als die er-
zielten Wurfweiten. Der Ball wird in Art der Stafette von
Ecke zu Ecke von festen Abwurfpositionen aus geworfen. Die
Anzahl der Runden wird vorher festgelegt.

218 Zick - Zack - Wurfstafette

Die Werfer einer Mannschaft sind so auf verschiedenen Seiten des Platzes verteilt, daß der Ball im Zick-Zack zugeworfen werden kann. Die Abwurfpositionen sind weiter voneinander entfernt als die Wurfweiten. In Art der Stafette
wird der Ball im Zick-Zack zugeworfen. Wenn der letzte
Spieler den Ball erhalten hat, wandert er wieder zurück.

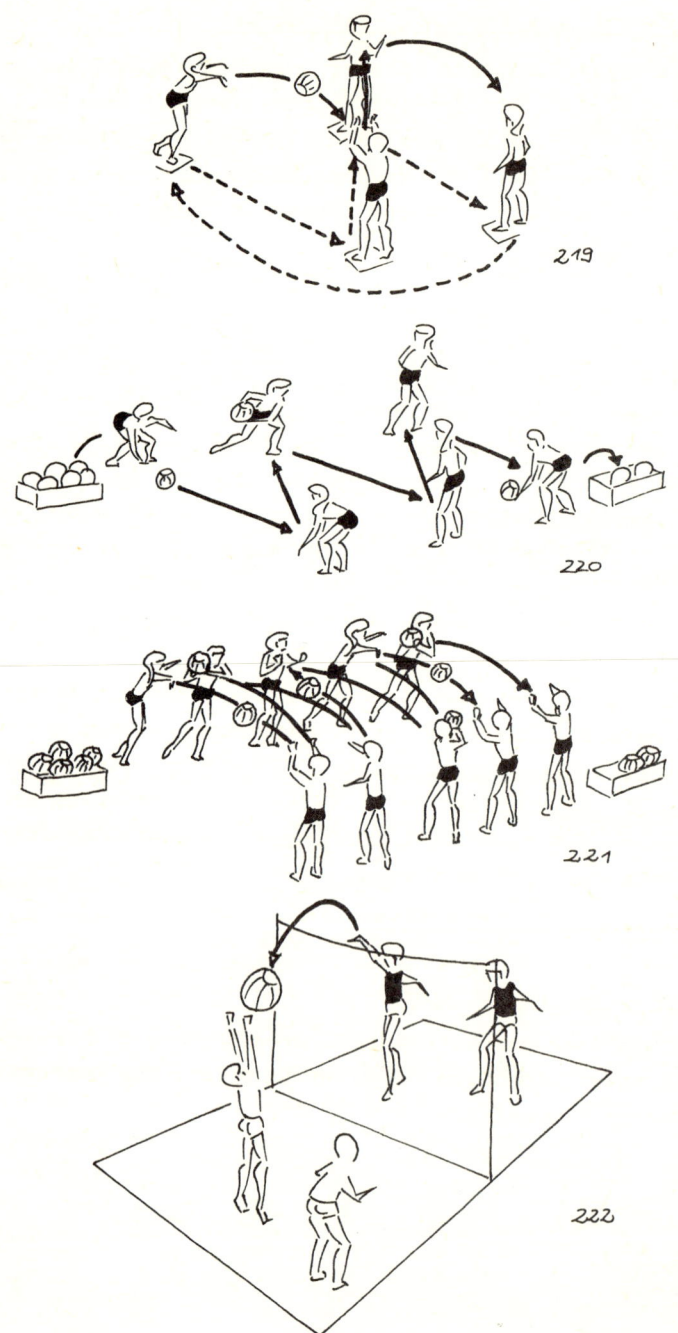

219

220

221

222

219 Zick - Zack - Wurf mit Platzwechsel

Die Ausgangsstellung der Spieler jeder Mannschaft ist mit
Fliesen markiert. Die Spieler folgen jeweils ihrem Ball
und nehmen die Position des nächsten ein. Der jeweils letzte läuft mit dem Ball zur Ausgangsposition, und der Durchgang beginnt von vorn. Welche Mannschaft schafft zuerst
5, 10 Durchgänge?

220 Zick - Zack - Rollball

Jede Mannschaft hat zwei Sammelstellen, eine gefüllte am
Anfang und eine leere am Ende. Die Bälle werden im Zick-
Zack von Spieler zu Spieler gerollt, bis die Sammelstelle
am Ende gefüllt ist.

Variation: Hin und zurück

221 Zick - Zack - Wurfball

Jede Mannschaft hat zwei Sammelstellen, eine mit Medizinbällen gefüllte und eine leere. Dazwischen stehen die Werfer im Zick-Zack in festgelegter Entfernung zueinander.
Die Medizinbälle werden im Zick-Zack von Spieler zu Spieler geworfen (verschiedene Wurfarten), bis die Sammelstelle am Ende gefüllt ist.

Variation: Hin und zurück

222 Ball über die Schnur

Je zwei Zweiermannschaften spielen mit einem Medizinball
gegeneinander (schmales Feld, hohe Leine). Die Wurfart
wird vorher festgelegt.

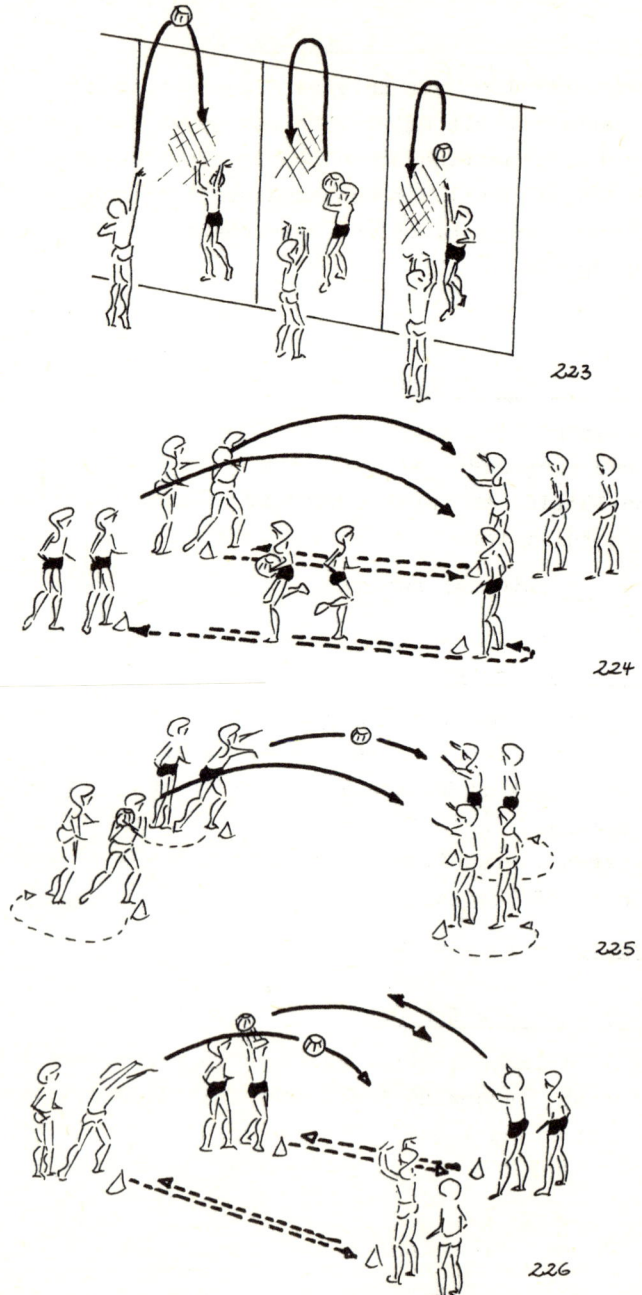

223

224

225

226

223 Ball über den Zaun

Wenn auf dem Sportplatz ein hoher Ballzaun vorhanden ist,
kann man ihn für dieses Spiel nutzen. Gespielt wird 1 : 1
oder 2 : 2 mit einem Medizinball. Felder müssen bei der
Höhe des Zaunes nicht markiert werden.

224 Werfen und Laufen

Von einer Seite wird geworfen und dem Ball hinterhergelau-
fen, von der anderen Seite wird der Ball zurückgetragen.
Die Wurfart kann beliebig variiert werden. Welche Mannschaft schafft zuerst 20, 30, 50 Würfe?

225 Medizinballstaffel

In festgelegter Entfernung (Hütchen, Fliesen) gegenüber-
stehende Mannschaftsteile werfen sich den Medizinball in
vorher bestimmter Wurfart zu. Wer geworfen hat, schließt
sich hinten an. Welche Mannschaft hat zuerst 20, 30, 50
Würfe?

226 Wurf - Pendelstaffel

Der Ball wird mit festgelegter Wurfart hin- und hergewor-
fen, und mit dem Wurf wechselt auch der Werfer die Seite.
Welche Mannschaft schafft zuerst 2, 3, 5 Durchgänge? Welche Mannschaft schafft zuerst 20, 30, 50 Würfe?

Literatur

Bernhard, G.: Didaktik der Jugendleichtathletik. Schorn-
        dorf 1976.

Dombrowski, O./Schenk, H.: Leichtathletik - Springen. Ber-
        lin 1982.

Dombrowski, O.: Leichtathletik mit Grundschulkindern.
        Wuppertal 1986.

Kirsch, A.: Jugendleichtathletik. Berlin 1977[5].

Koch, K.: Laufen, Springen, Werfen in der Grundschule.
        Schorndorf 1969.

Kurz, D.: Leichtathletik in der Schule. In: Sportpädago-
        gik 6 (1982) 2, 11 - 18.

Medler, M.: Ausdauerlauf in der Schule. Neumünster 1985.

Schmolinsky, G. (Autorenkollektiv): Leichtathletik. Ber-
        lin 1980[10].

Wischmann, B.: Methodik der Leichtathletik. Frankfurt 1965.

Bisher erschienen in unserem Verlag:

Vermittlung des Kleinfeld-Volleyballspiels durch ein spielgemäßes Konzept (1984, 151 Seiten) unverb. Preisempfehlung 18 DM

Die Grundlagen des Gerätturnens unter besonderer Berücksichtigung methodischer und organisatorischer Kriterien. (1983, 195 Seiten) unverb. Preisempfehlung: 18 DM

Das Minitrampolin als eigenständiges Gerät und als methodisches Hilfsmittel im Gerätturnunterricht. (1983, 99 Seiten) unverb. Preisempfehlung: 13 DM

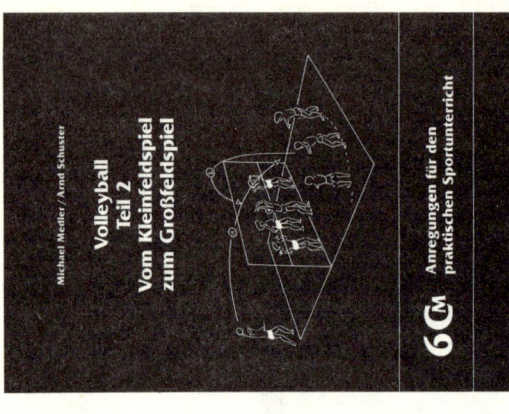

Michael Medler

Ausdauerlauf in der Schule

4 CM Anregungen für den praktischen Sportunterricht

Praktische Vorschläge zur Vermittlung des Ausdauerlaufs in einem räumlich begrenzten Gelände
(1985, 107 Seiten)
unverb. Preisempfehlung 16,50 DM

Michael Medler / Arnd Schuster

Basketball Teil 1: Hinführung durch Kleine Sportspiele

5 CM Anregungen für den praktischen Sportunterricht

Vermittlung des Mini-Basketball-spiels durch ein spielgemäßes Konzept mit mehreren Spiel-reihen
(1985, 143 Seiten)
unverb. Preisempfehlung 18 DM

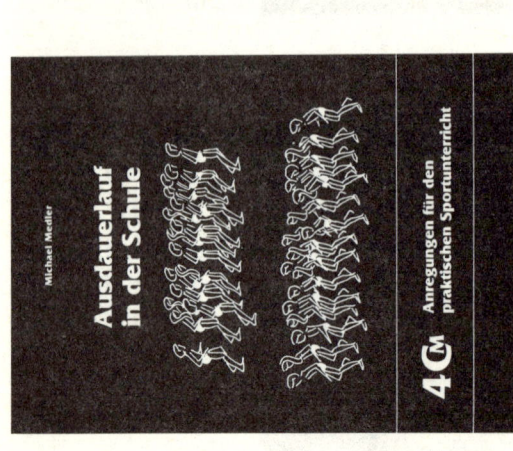

Michael Medler / Arnd Schuster

Volleyball Teil 2 Vom Kleinfeldspiel zum Großfeldspiel

6 CM Anregungen für den praktischen Sportunterricht

Forsetzung von Teil 1: Vermittlung des Großen Volley-ballspiels durch ein spiel-gemäßes Konzept
(1986, ca. 150 Seiten)
unverb. Preisempfehlung 19 DM